영문도
모르고
영어를 해?

영문도 모르고 영어를 해?

초판 1쇄 발행 2021년 1월 30일
초판 2쇄 발행 2021년 4월 30일

지은이 이재영
펴낸이 오세정
편집 박희자
디자인 최선아
인쇄 상지사피앤비

펴낸곳 서울대학교출판문화원
주소 08826 서울 관악구 관악로 1
도서주문 02-889-4424, 02-880-7995
홈페이지 www.snupress.com
페이스북 @snupress1947
인스타그램 @snupress
출판등록 제15-3호

ISBN 978-89-521-3001-3 03740

영문도 모르고 영어를 해?

이재영 지음

서울대학교출판문화원

Small is the seed of every greatness.
위대한 성취는 작은 씨앗에서부터 시작된다.

일러두기

1. 외래어는 국립국어원 외래어 표기법에 따라 표기했으나, 인명의 경우 학계에서 널리 쓰이고 있는 표기에 따른 것도 있습니다.(예: 노엄 촘스키)
2. 주요 예문의 출처는 후주에서 밝히고 있습니다.
3. 본문에 나오는 이미지들은 Wikimedia Commons에서 다운로드하거나 gettyimagesBank에서 구입하였습니다.

머리말

오래전부터 영어학 소개서를 쓰고 싶었습니다. 영어라는 언어가 가진 다양한 특성들을 알기 쉽게 소개해서, 영어학 혹은 언어학에 대해 배경지식이 없는 독자들도 재미있게 읽을 수 있는 인문교양 서적을 쓰고 싶었습니다. 마음속 바람과는 달리 이 책을 쓰기까지 매우 오랜 시간이 걸렸습니다. 영어학을 공부한다고 한 지 30여 년이 넘었지만, 많은 사람들이 재미있게 읽고 지적 충만감도 느낄 수 있는 책을 쓰는 것이 결코 쉬운 일이 아님을 잘 알고 있었기 때문입니다. 복잡한 이론을 자칫 가볍게 여긴다는 핀잔을 받을 수도 있고, 언어학이나 영어학 관련 전문서적들이 이미 많이 있는데 뭐 그리 공헌하는 바도 없는 책을 쓰느냐는 비난을 받지 않을까 걱정도 되었습니다.

영어학은 도대체 무엇을 공부하는 학문인지, 인문대학에서 배우는 다른 전공들과는 좀 이질적인 것은 아닌지,

그리고 영어만 잘하면 되지 굳이 영어학을 또 공부할 필요가 있는 것인지…, 그동안 영어학 전공자로서 많은 질문을 받았습니다. 돌이켜 생각해보면 이런 질문들에 흡족한 답을 할 기회가 없었습니다. 제대로 설명하겠다고 나서면 자칫 지루한 설명이 되기 쉽고, 결국 영어학이나 언어학은 재미없고 어렵기만 하다는 인상을 주게 될까봐 그동안 섣불리 답을 하지 못한 채 오랜 시간이 흘렀습니다. 오랫동안 미뤄온 답을 하고자 이 책을 쓰기로 결심하였습니다. 영어를 잘한다는 사람들조차 실은 영어에 대해 제대로 모르는 부분이 많은 것을 보면서, 더 이상 집필을 미루기보다는 긴 시간 공부해오면서 몸소 느꼈던 영어학 공부의 즐거움과 중요성을 많은 사람들과 함께 나누고 싶다는 생각을 하였습니다.

영어는 세계의 공용어(Lingua Franca)로 자리매김한 가장 강력한 소통의 도구입니다. 영어학을 통해 우리는 영어라는 언어가 가진 특성들을 보다 체계적으로 이해할 수 있습니다. 영어에서는 어떤 소리를 만들 수 있는지, 영어 단어나 문장들은 어떻게 형성되어 어떤 의미를 전달하는지 등을 공부함으로써 인간 언어에 대해 보다 깊이 있게 이해할 수 있습니다. 또한 영어를 제대로 이해하기 위해서는 오랜 시간 영어가 거쳐온 변화의 과정을 알고, 동시에 현재 세계 각지에서 사용되고 있는 영어의 다양한 형태를 이해하는 것도 필요합니다. 이처럼 시간과 공간을 넘나드는 영어를 이해함으로써 우리는 영어에 대한 보다 폭넓은 시야를 가질 수 있게 될 것입니다. 나아가 영어학/언어학 공부를 통해 궁극적으로는 언어의 사용자인 "인간"과 언어가 사용되는 공간인 "세상"을 바라보는 우리의 인문학적 식견을 넓힐 수 있기를 기대합니다. "인식의 틀"로서의 언어를 공부함으로써 인간과 세상을 바라보는 여러분들의 "인식"이 더 깊어지기를 바랍니다. 동시에 영어학/언어학은 철학, 역사학 등의 인문학뿐만 아니라 심리학, 교육학, 신경과학 등 타 학제와도 융합될 수 있는 열린 학문이라는 점도 느낄 수 있었으면 합니다.

책이 나오기까지 많은 분들이 도움을 주셨습니다. "청출어람"이란 말과 같이 저보다 학문적으로 더 깊이가 있는 제자 교수들이 이 책의 출간을 위해 용기와 영감을 주었고, 또한 실질적으로 큰 도움을 주었습니다. 특히 이정미 교수, 신정아 교수, 안미연 교수, 오영일 교수, 박해일 교수, 그리고 조혜선 교수에게 고마운 마음을 전합니다. 오랫동안 보직활동을 하느라 공부에 전념하지 못할 때, 학문적 저술활동의 중요성을 늘 말씀해주셨던 영문과 선생님들께도 감사의 말씀을 드립니다. 여기에 일일이 언급하지 못한 많은 분들의 지지와 격려가 없었다면 이 책을 쓸 수 없었을 것입니다.

이 책의 출간을 위해 도와주신 서울대학교출판문화원 정병설 원장님과, 부족한 원고를 예쁜 책으로 만들어준 곽진희 실장님을 비롯한 관계자 여러분께도 진심으로 감사하다는 말씀을 드립니다.

학문적 수준이 높은 분들이 보기에는 너무나 부족한 책이라는 것을 잘 알고 있지만, 좀 더 많은 사람들이 쉽게 읽을 수 있는 책을 쓰고 싶었기 때문에 용기를 낼 수 있었습니다. 이 책이 후학들에게 앞으로 더 큰 용기를 가지고 더 훌륭한 영어학/언어학 저서를 집필할 수 있는 계기가 된다면 저자로서 더할 나위 없이 기쁜 일이라 생각됩니다.

제가 아주 좋아하는 영어 격언이 있습니다. “Small is the seed of every greatness.” 위대한 성취는 작은 씨앗에서부터 시작된다는 이 말을 아주 좋아합니다. 제가 쓴 이 조그마한 책이 미래의 인재들에게 “작은 씨앗”이 되기를 소망합니다. 감사합니다.

2021년 1월

이재영

차례

II 이론언어학

III 응용언어학

I

영어 그리고 언어

1
시작하는 말

"영어는 좀 하는 편인데, 도대체 영어학은 뭐지?" 이런 질문을 여러분은 해보지 않으셨나요? 아마도 해본 적이 있고, 그 답을 알려고 여러 권의 책을 구해보았을지도 모릅니다. 그런데 그 책들이 너무 두껍고 너무나 전문적인 용어로 되어 있었다고요? 그래서 "에이 모르겠다!" 하고 포기했다고요?

"영어학이 도대체 뭘까?" 이 질문에 대한 답을 찾는 데 이 책이 좀 도움이 되지 않을까 싶습니다. 여러분은 이미 영어는 좀 하는 편입니다. 그런데 다음 영어 표현들을 한번 읽어보실까요?[1]

1-1 a. Good things are theirs that enjoy them.

b. Of thy sorrow, be not too sad; of thy joy, be not too glad.

c. He who hesitates is lost.

잘 이해가 되시나요? 익숙한 영어 단어들이긴 한데 문법적으로 이상하다고요? 이 표현들이 영어가 맞느냐고요? 예, 아주 좋은 영어 표현들입니다. 문법적으로 문제가 없습니다. 그럼, 우리가 "영어"라고 할 때의 그 영어는 무엇이고, 위의 표현들은 또 어떤 영어일까요?

(1-1a)는 "좋은 것은 즐길 줄 아는 사람들의 것이다"라는 뜻입니다. 여러분도 즐거운 일을 하고 즐겁게 생활하세요. 그러면 그게 다 여러분 것이 될 겁니다. (1-1b)는 "슬픈 일이 있을 때 그걸 너무 슬퍼하지 말고, 즐거운 일이 있을 때 그것에 너무 푹 빠지지 말라"는 뜻입니다. 우리는 살아가면서 너무 쉽게 일희일비하지 않나요? 오늘부터는 저도 너무 쉽게 일희일비하지 말아야 하겠습니다. 여러분은 어떠세요? 마지막 (1-1c)는 "머뭇거리다가 기회를 놓친다" 정도의 뜻입니다. 기회를 잘 포착해

야 한다는 뜻으로 사용할 수 있습니다. *Make hay while the sun shines*도 비슷하게 쓰이는 표현입니다. *When fortune smiles, embrace her*도 물론 비슷한 의미로 쓸 수 있겠지요. 우물쭈물하다가 기회가 사라지면 우리는 너무 섭섭해 하지요. *The fish that got away*를 읊조릴 수도 있습니다. 그러니 우리는 정신을 차려서 기회를 잘 포착해야 할 것 같습니다.

그건 그렇고, 영어를 좀 안다고 생각했는데 반드시 그런 것은 아닌 것 같습니까? 아, 이제부터 좀 겸손해야 하겠다고요. 꼭 그런 것은 아닌 것 같습니다. 자신감을 가지고 아는 영어 표현을 자주 쓰는 것이 좋습니다. 자주 사용하다 보면 자연스럽게 다른 표현들도 이해할 수 있게 됩니다. 다음과 같은 표현도 있지 않습니까? 직접 행하다 보면 자연스럽게 배우게 됩니다. 행함으로써 말하는 법을 알게 되니까요.

1-2 In doing, we learn.

특히 외국어로 배우는 영어를 잘 말하기 위해서는 반복적으로 연습해보는 것이 최선의 길이 아닌가 생각합니다. *By speaking, you learn to speak*.

어찌되었든, (1-1)의 표현들을 잘 이해하지 못한 것은 영어에 대해서 좀 더 체계적으로 공부를 하면 됩니다. 예를 들어, 영어도 우리 인간처럼 시간에 따라 변화한다는 것을 공부하면 되지요. 이런 측면을 공부하는 분야를 영어사(English History)라고 합니다. 영어사를 공부하면 (1-1a)의 *theirs that* …, (1-1b)의 *thy*, 그리고 *be not* … 등이 이전의 영어에서는 매우 정상적인 표현이었다는 것을 알게 됩니다. 시간이 지남에 따라 *thy*라는 영어 단어는 잘 쓰이지 않게 되었고, 또 영어 문장의 구조도 조금씩 변했을 뿐입니다.

영어 문장의 구조를 연구하는 분야는 없냐고요? 당연히 있습니다. 이 분야를 영어통사론(English Syntax)이라고 합니다. 한국어의 문장 구조를 연구한다면 한국어통사론이라고 부르겠지요. 영어통사론을 공부하다 보면 현재 영어의 모습과 과거 영어의 모습을 잘 비교할 수 있고, 그 변화를 쉽게 이해할 수 있습니다. 영어를 좀 더 체계적으로 학문적으로 접근해보고 싶다고요? 좋습니다.

영어사와 영어통사론 분야 이외에도 공부할 분야는 많이 있습니다. 혹시 다음 영어 표현을 한번 크게 읽어보시겠어요? *nice*의 의미에 초점을 맞추어보세요. 이 문장의 뜻을 잘 이해하시겠지요?

1-3 The lady is a nice person.

무시당한 느낌이 든다고요? 죄송합니다. 그럼 이 표현은 어떤가요?

1-4 That's a nice state of affairs.

여전히 무시당한 기분이 들겠지요. 그런데 꼭 그렇지는 않습니다. (1-3)은 "친절하고 우아한" 숙녀에게 잘 어울리는 표현이지만, (1-4)는 "아주 좋지 않은 상태"를 나타낼 때 쓸 수 있는 표현입니다(Pyles & Algeo, 1993: 239). 그런데 사실 (1-3)의 뜻도 상황에 따라 의미가 다르게 해석될 수 있습니다. 15세기에 쓰였다면 *nice*가 "foolish"라는 뜻으로 사용되었으니까요. 16~17세기 영어에서는 *nice*가 "wanton"이나 "strange"의 뜻으로 사용되었고요. 17세기 이후에는 "fastidious"라는 의미로 쓰이기도 했습니다.[2] 그래서 상황에 따라 해석이 달라질 수 있는 것입니다.

영어 단어 *nice*는 부정적인 의미를 가지고 있다가 점차 긍정적인 의미를 갖는 것으로 변했습니다. 이런 것도 공부하면 재미있겠지요? 이처럼 단어의 뜻이나 문장의 의미를 분석하고 이해하는 분야가 바로 의미론(Semantics)입니다. 영어의 경우에 적용하면 영어의미론이겠지요?

발음도 공부해보면 재미있습니다. 다음 영어 단어를 발음해 보시겠어요?

1-5　　often

잘 하셨습니다. 그런데 “t”를 발음하셨나요? 발음할 수도 있고 안 할 수도 있습니다. 이런 것을 연구하는 분야가 영어방언학(English Dialectology)입니다. 또 “t”를 발음하려니 자음이 연속적으로 와서 어려워서 그것을 빼고 발음하는 것이 편하다고요? 그렇습니다. 그러면 여러분은 이미 영어음운론(English Phonology)을 공부할 준비가 되어 있는 것입니다. “t”는 “f”와 소리가 좀 다른 것 같다고요? 예, 그렇습니다. 아주 대단하군요. 이미 영어음성학(English Phonetics)에 대한 지식을 가지고 있으시네요.

지금까지 어떠셨나요? 영어를 좀 더 체계적으로 공부하면 영어에 대한 이해가 더 깊어질 것 같다고요? 그렇습니다. 그래서 영어학에 대한 이해가 필요합니다. 앞에서 간략히 소개한 영어사, 영어통사론, 영어의미론, 영어방언학, 영어음운론, 영어음성학 등이 영어학에 포함됩니다. 우리나라 영어영문학의 교과과정은 영문학과 영어학 두 분야로 크게 나뉘고, 영어학 분야에서도 많은 세부 교과목들이 있습니다. 갑자기 지루해집니까? 좀 쉬어가는 뜻으로 다음 영어 표현을 함께 읽어보실까요?

1-6 Learn weeping and you shall gather laughing.

"눈물을 흘리며 배우면 나중에 웃음으로 거둘 것이다"라는 영어 격언입니다. 이 격언을 마음속에 새기면서 차근차근 이 책을 읽어가면 좋겠습니다. 영어학에 대한 이해를 본격적으로 시도하기 전에, 우선 언어에 대해서 몇 가지 살펴보도록 하겠습니다. 영어도 여러 언어 중의 하나이기 때문입니다.

2

언어, 인식체계의 틀

독일의 언어학자이자 사상가 그리고 교육자인 카를 빌헬름 폰 훔볼트(Karl Wilhelm Von Humboldt, 1767~1835)는 언어를 연구한다는 것은 인간을 연구하는 것 중의 하나라고 말했습니다. 심지어 그는 언어가 바로 정신이라고 주장했습니다. 이렇게 극단적이지는 않더라도 언어를 분석하는 것은 분명 인간 정신작용의 결과를 분석하는 것이라고 할 수 있습니다.

덴마크 출신의 유명한 영어학자인 오토 예스퍼슨(Otto Jespersen, 1860~1943)은 언어를 다음과 같이 정의했습니다.

2-1 Language is nothing but a set of human habits, the purpose of which is to give expression to thoughts and feelings.

언어는 생각과 감정을 다른 사람에게 전달하기 위해 사용되는 습관의 집합이다.

Jespersen(1933: 16)

미국의 인류학자이며 언어학자인 에드워드 사피어(Edward Sapir, 1884~1939)는 언어는 문화의 거울이라고 말했습니다. 벤저민 리 워프(Benjamin Lee Whorf, 1897~1941)도 에드워드 사피어와 같이 언어는 그 사용자의 생각을 규정한다고 주장했습니다.

이들이 말한 것을 종합해보면, 결국 언어는 그것을 사용하는 사람들의 생각을 반영하는 것이라고 요약할 수 있습니다. 이하에서는 영어와 한국어의 구체적인 예시들을 살펴보면서, 언어가 인식체계의 틀로서 기능하고 있음을 알아보도록 하겠습니다.

우선, 영어와 한국어에서 방위(direction)를 나타내는 단어들을 살펴봅시다. 지도를 보면 다음과 같이 방위가 표시됩니다.

2-2

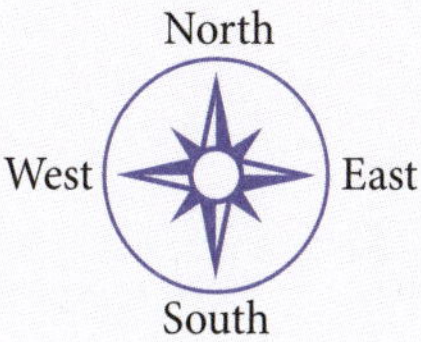

이것을 영어와 한국어에서는 어떤 순서로 나타낼까요? 한국어에서는 동, 서, 남, 북의 순으로 4방위를 말합니다. 반면 영어에서는 북(North), 남(South), 동(East), 서(West) 순으로 4개 방위를 지칭합니다.

2-3

동 서 남 북
1 2

North South East West
2 1

한국어에서는 동이 가장 먼저 나옵니다. 이것은 동쪽 방향을 가장 우선적으로 고려하는 사고에서 나온다고 쉽게 설명할 수 있습니다. 이에 비해 영어에서는 북쪽 방향을 우선적으로 고려하는 사고체계에서 기인한다고 할 수

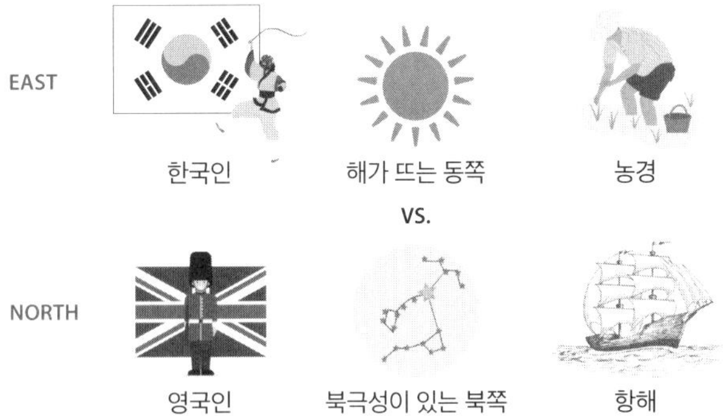

있습니다. 한국인들은 해가 뜨는 동쪽이 가장 중요한 것이라고 생각하는 것이고, 영어 사용자들은 북극성이 있는 북쪽을 가장 우선적으로 생각하는 것이지요. 농경문화권에서는 아침에 태양이 떠오른 시점부터 농사일을 시작해야 하기 때문에 해를 중심으로 생각하는 것이 자연스럽습니다. 항해를 우선시한 영국인들은 북극성을 기준으로 방향을 잡는 것이 편리했을 것입니다. 이러한 문화가 사고에 영향을 미치고 이 사고가 언어에 반영되었다고 할 수 있습니다. 이런 관점으로 본다면, 4방위의 순서를 언어로 표현할 때 왜 한국인들은 동쪽부터, 영어 사용자들은 북쪽부터 지칭하는지 쉽게 이해할 수 있을 것입니다. 물론 여기서는 한국어와 영어를 비교하였지만, 동양과 서양 문화권으로 확장해서 말할 수도 있습니다.

방위에 대한 표현을 좀 더 살펴보겠습니다. 우리나라가 속해 있는 아시아를 한국어에서는 동북아시아라고 하는 반면, 영어에서는 *Northeast Asia*라고 합니다.

2-4

동 북 아시아
1 2

Northeast Asia
2 1

베트남이나 태국이 속해 있는 아시아를 한국어에서는 동남아시아라고 하는 반면, 영어에서는 *Southeast Asia*라고 부릅니다.

2-5

동 남 아시아
1 2

Southeast Asia
2 1

동쪽과 남쪽을 비교할 때에도, 한국어에서는 동쪽을 먼저 말하고 나서 남쪽을 말하는 반면, 영어에서는 남쪽을 말하고 나서 동쪽을 말합니다. 한국어에서는 동서, 남북 순서로 말하는 반면, 영어에서는 북남, 동서 순으로 말하는 것을 이해하면 동남아시아를 *Southeast Asia*라고 하는 것을 쉽게 이해할 수 있을 것입니다.

이렇게 한국어와 영어는 두 언어를 사용하는 사람들의 인식체계를 반영합니다. 언어를 이해하고 쉽게 배우기 위해서는 각 언어를 사용하는 사람들의 인식체계를 이해할 필요가 있습니다. 인식체계를 이해하면 또한 문화의 차이도 쉽게 이해할 수 있게 됩니다.

한국어와 영어 사용자들의 인식의 차이를 보여주는 또 다른 예를 살펴봅시다. 우리나라 아이들이 어릴 때 영어를 배운 경우, 오랫동안 헷갈려하고 또 어려워하는 표현 중의 하나가 바로 "오고 있어요"입니다. 다음 대화를 한번 살펴볼까요?

2-6　어머니: 지금 집으로 오고 있니?
아들: 예, 지금 오고 있어요.

한국어를 사용하는 사람들은 (2-6)에서 아들의 대답이 아주 어색하다고 말할 것입니다. 왜냐하면 한국어식으로 말한다면 다음과 같이 말할 것이기 때문입니다.

2-7 어머니: 지금 집으로 오고 있니?
아들: 예, 지금 가고 있어요.

그런데 영어에서는 다음과 같이 말하겠지요.

2-8 Mom: Are you coming home?
Son: Yes, I'm coming.

영어에서는 상대방 쪽으로 갈 때 *I'm coming*이라고 말합니다. 어릴 때 영어를 배운 아이들은 이러한 영어식 표현을 머릿속에 담고 있기 때문에, 이를 한국어에도 적용해서 (2-6)에서처럼 "예, 지금 오고 있어요"와 같이 말하는 것입니다.

다음으로, 은유적 표현(metaphoric expression)을 살펴봅시다. 어떤 언어든 은유적 표현이 있습니다. 영어와 아프리카어를 비교해볼까요? 영어에서는 뒤쪽을 나타낼 때 *back*이라 합니다. 인간의 척추, 즉 *back*이 몸의 뒤에 있다고 생각해서 만든 은유적 표현입니다. 인간 중심의 사고체계이지요. 그러나 아프리카인은 다르게 생각한다고 합니다. 트라스크와 메이블린(Trask & Mayblin, 2005)에 따르면, 아프리카인에게 영어식으로 *A cock is on the back of the house*라고 말하면 그들은 지붕 위를 쳐다본답니다. 집 뒤가 아니라 지붕 위에 수탉이 있다고 인식하는 것이지요. 소나 돼지 등 짐승의 경우에는 척추가 위쪽에 있기 때문에 *A cock is on the back of the house*라는 말을 들었을 때 아프리카인은 지붕 위쪽을 먼저 생각하는 것입니다. 이는 짐승을 중심에 놓는 그들의 사고체계가 반영된 결과입니다. 언어는 인간의 인식과 분리될 수 없다는 점을 상기해 보면 쉽게 이해가 됩니다.

우리가 인식하는 것만이 이 세상에 존재한다고 말하는 철학자들이 있습니다.[3] 지각을 하고 그것을 인식하지 못하면 존재할 수가 없겠지요. 모든 것을 우리는 머릿속에 재현(representation)을 하는데, 그 재현 속에 있지 않는 것은 존재성을 갖지 않는 것이지요. 이런 관점에서 본다면, 재현을 할 수 있게 하는 언어능력이 없으면 인식을 제대로 못하게 되겠지요. 언어능력과 인식작용은 이렇게 연관성이 있습니다.

문장의 구조에서도 사고방식의 차이가 반영됩니다. 문장의 구조에서 영어와 한국어는 차이가 납니다. 당연히 사고방식의 차이가 반영된 결과이겠지요. 다음 예를 생각해봅시다.

2-9 I go to school.
1 2

나는 학교에 간다.
2 1

"학교에 *to school*"과 "간다 *go*"에 초점을 맞추어 살펴보면, 한국어에서는 "학교에"가 "간다"보다 순서상으로 먼저 나옵니다. 영어의 어순에 따라 그 반대로 말하면 어떨까요?

2-10 나는 간다 학교에.

한국어를 모국어로 사용하는 사람들은 "간다"가 "학교에"보다 먼저 오는 (2-10)과 같은 문장은 매우 어색하거나 올바르지 않은 한국어라고 생각할 것입니다.

다른 예를 하나 더 살펴볼까요? "아침 일찍 그녀에게 전화해"라는 말을 영어에서는 어떻게 표현할 수 있을까요? 여러 표현이 가능하겠지만, 다음과 같은 표현도 가능합니다.

2-11 Be sure to call her early(1) in the morning(2).

아침(2) 일찍(1) 그녀에게 전화해.

한국어에서는 "아침 일찍"이라고 말하는 반면, 영어에서는 *early in the morning*이라고 말합니다.

지금까지의 예를 통해 얻을 수 있는 것이 무엇일까요? 이러한 것이 영어를 배울 때 도움이 될까요? 어떻게요? 좀 거칠게 말하자면, 영어를 배울 때 우리나라 사람들이 인식의 순서를 바꾸면 영어를 좀 더 쉽게 배울 수 있지 않을까요? 관심을 모으기 위해 쓰이는 호칭을 한번 볼까요?

2-12 신사 숙녀 여러분! 저의 생각에 동의하십니까?
1 2

Ladies and gentlemen! Do you agree with me?
2 1

숙녀에 대한 에티켓이 중요하다는 인식을 우리가 받아들이면 영어 표현이 훨씬 편하게 나오지 않을까요? 한국어 표현을 영어로 나타내고자 할 때, 순서가 헷갈리면 일단 한국어 표현에 나오는 것을 반대 순서로 나열해보세요. 그러면 더 영어적인 표현이 나올 것입니다.[4]

2-13 그 소식 들으셨어요?
1 2

Did you hear the news?
2 1

다음 영어 표현을 어떻게 번역하시겠습니까?

2-14 Typing is easy once you get the hang of it.
1 2

다음 두 개의 가능성 중 어떤 것이 한국어 표현으로 더 적절할까요?

2-15 방법을 알면 타자는 쉬워요.
2 1

타자는 쉬워요 방법을 알면.
1 2

두 표현 모두 가능한 한국어 표현이지만, 전자가 훨씬 자연스럽고 일반적인 표현일 것입니다. 비슷한 예를 하나 더 볼까요?

2-16 You can do it if you put your mind to it.[5]
1 2

열심히 하면 당신도 할 수 있어요.[6]
2 1

한국어 사용자와 영어 사용자 사이에 나타나는 인식의 차이를 느낄 수 있겠지요? 이 인식의 차이가 문장의 순서에도 나타납니다.

우리는 지금까지 영어를 정말 열심히 공부해왔습니다. 그런데도 아직 영어를 구사하는 데 자신이 없습니다. 이제까지 투자한 것을 생각하면 억울하기까지 합니다. 한번 생각해보십시다. 열심히 공부를 하긴 했는데, 영어 사용자의 인식체계를 이해하면서 공부를 해왔을까요? 그냥 물불 가리지 않고 해온 것은 아닐까요?

2-17 He goes through fire and water.
1 2

그는 물불 안 가려요.
2 1

물불 안 가리고 열심히 한다고 모든 것이 다 되는 것은 아니지 않을까요? 영어 사용자의 인식체계를 이해하는 것이 필요할 것입니다. 단어 나열상의 순서를 거꾸로 하는 습관을 키워보십시다. 그러면 영어가 훨씬 자연스럽게 나올 것입니다.

앞에서 제시한 예들이 우연적인 것일까요? 우리는 냉탕과 온탕, 즉 냉온이라는 표현을 씁니다. 찬 것과 뜨거운 것 중에 차가운 것을 먼저 말합니다. 영어도 그럴까요? 앞에서 언급한 대로 영어로 표현할 경우 우리의 표현과 반대로 해보면 어떨까요? *hot and cold*로요? 예, 그렇습니다.

2-18 He blows hot and cold.

(2-18)은 "그는 이랬다저랬다 변덕스러워요"라는 뜻입니다. *cold and hot*이라는 표현, 이것은 한국어식 사고체계에서 나온 표현입니다. 이것을 반대로 하면 바로 올바른 영어 표현이 됩니다. 이제부터 영어를 공부할 때 우리의 인식의 틀을 바꾸는 노력도 해보십시다.

3

언어의 기원

언어가 언제 처음으로 사용되었을까요? 트라스크와 메이블린(Trask & Mayblin, 2005)은 인간이 언어를 사용하기 시작한 것이 지금부터 100만 년 전부터라고 말합니다. 반면 율(Yule, 2020)은 지금부터 10만 년에서 5만 년 전에 인간이 언어를 사용했다고 주장합니다. 이처럼 학자마다 주장이 다릅니다. 언제부터 인간이 언어를 사용했는지 학문적으로 정당화하기는 어렵기 때문에 그렇습니다.

문명의 다른 흔적들은 화석으로 남아 있어 추론의 가능성이 있지만, 인류 초창기 언어 사용의 흔적은 남아 있지 않습니다. 문명의 흔적들, 예컨대 10만~5만여 년 전의 인류의 문명을 이해할 수 있는 것은 그 당시의 것으로 추정되는 화석들이 발견되었기 때문입니다. 그러나 그 당시에 사용된 언어의 화석은 남아 있지 않습니다. 안타깝게도 인간 언어의 흔적이라고 할 수 있는 문자가 발명된 것은 지금부터 겨우 5천여 년 전입니다.

언어가 언제 처음으로 사용되었느냐 하는 것은 답하기 어렵다고 칩시다. 그럼, 언어는 어떻게 시작되었을까요? 이 질문에 대해서도 학자들마다 주장이 다릅니다. 그렇지만 지금까지 언어학자들이 주장해온 언어의 기원에 대해 살펴보는 것이 나름대로 의미가 있을 것 같아 여기에 소개해보겠습니다. 여기서는 율(Yule, 2020: 2-8)과 트라스크와 메이블린(Trask & Mayblin, 2005)이 주장한 바를 정리하고, 필자의 견해를 약간 덧붙여서 간단히 소개하겠습니다.[7]

언어의 기원에 관한 주장으로는, 우선 절대자인 신에게서 인간의 언어가 비롯되었다고 하는 신수설(神授說)이 있습니다. 언어는 신의 선물이라는 뜻이지요. 그런데 과거에도 지역이나 민족에 따라 인류가 신봉하는 신이 다양하였을 것이므로, 어떠한 신으로부터 언어가 유래하였는지에 대한 의문은 여전히 남게 됩니다.

둘째, 자연에서 일어나는 현상을 모방한 것이 인간 언어의 기원이라는 주장도 있습니다. 자연현상 중에는 천둥소리나 동물들의 소리 등도 포함됩니다. 의성어(onomatopoeia)들이 주로 여기에 속하겠지요. 또한 인간의 희로애락도 자연스러운 것이라고 할 수 있는데, 이때 발생되는 소리들이 언어의 기원이라는 것도 자연기원설에 포함됩니다.

셋째, 음악적 리듬 기원설이 있습니다. 음악적 멜로디를 흥얼거리다가 그것이 언어로 발전했다는 주장이 여기에 속합니다. 멜로디의 사용이 언어보다 앞선다고 보는 관점에서 나온 주장입니다.

넷째, 사회적 관계설에서는 인간은 사회적 동물이기 때문에 같이 노동을 하면서 노고를 잊고 고통을 줄이기 위해 소리를 내던 것이 언어로 발전했다고 주장합니다.

다섯째, 신체적 진화설이 있습니다. 인간이 직립보행을 하면서 신체적 변화가 일어나게 되는데, 특히 후두가 밑으로 내려오면서 후두의 기능이 다양해지고 또한 후두와 목젖 사이의 공간인 인강의 길이가 길어지고 폭이 넓어짐에 따라 폐로부터 나오는 공기의 흐름(airstream)이 원활해져서 언어가 발생했다는 주장이 여기에 해당합니다. 19세기 이후의 진화론적 관점에서 본다면 이 주장이 일리가 있어 보이기도 합니다. 사실 진화언어학(Evolutionary Linguistics)을 주장한 학자도 있습니다.[8] 진화론적 관점에서는 몇천 년 전 인류의 언어능력과 현대인의 언어능력 간에 발전이 있었다고 봐야 하지 않을까요? 그런데 과연 그러할까요?

여섯째로 도구 사용 기원설이 있습니다. 도구를 사용하면서 인간이 뇌를 활발히 사용하게 되고, 이 뇌의 활동이 언어 사용에 필요한 뇌의 영역과 동일하기 때문에 자연스럽게 언어가 발생하였다는 주장이 여기에 속합니다.

마지막으로, 유전적 기원설이 있습니다. 인간은 생래적으로 언어능력을 가지고 있어서 이 능력에 의해 언어가 발생했다는 주장이 바로 유전적 기원설의 핵심입니다. 이 가설은 에이브럼 노엄 촘스키(Avram Noam Chomsky, 1928~)가 주장한 바와 비슷하지요. 이 관점에서 언어는, 인간이 태어나고 성장하면서 선천적인 언어능력이 점차 구체적으로 발현된 결과라고 봅니다.

언어의 기원에 대한 이러한 다양한 주장들 중에서 어떤 것이 가장 그럴듯한가요? 지금까지 살펴본 언어 기원에 대한 주장들은 각각 나름대로 장점과 단점을 갖고 있습니다. 그리고 어느 특정한 주장이 옳다고 볼 분명한 근거도 없습니다. 이렇게 본다면, 인간의 언어가 언제 그리고 어떻게 시작되었는지 그 기원을 알 수 없다고 말하는 것이 솔직하고 올바른 주장이 아닐까 생각됩니다. 그래도 여전히 언어의 기원에 대해서는 언어학자나 인류학자들이 많은 관심을 가지고 있습니다. 여러분들도 관심이 많겠지요?

| 심화 학습 |

현재의 언어가 먼 미래에 계속 현재와 같은 모습으로 남게 될까요? 요즘은 녹음 기술이 발달하였으니, 먼 미래의 후손들에게 현재 우리의 언어를 녹음하여 전달한다면 우리의 언어를 살펴볼 수 있을까요? 그것도 잘 모를 일이긴 합니다. 물질은 항상 변하기 때문에 녹음된 것이 남아 있을지도 알 수 없습니다. 또한 남아 있더라도 그것을 우리 인류의 먼 후손들이 해석하지 못한다면 아무 소용이 없겠지요. 이런 시각으로 본다면, 우리 인류 조상이 그들이 사용한 언어의 흔적을 남겨두었는데 지금 우리가 못 보거나 해석하지 못할 수도 있겠네요. 어찌되었든, 언어의 기원에 대한 연구는 언어학자들뿐 아니라 인류학자나 지질학자들에게도 흥미 있는 분야입니다.

4

언어의 특징

인간의 언어가 다른 동물들의 의사소통 방법과 다른 점은 무엇일까요? 여러 가지가 있을 것입니다. 우선, 동물들의 의사소통 방법에 비해 인간의 언어 수가 엄청나게 많다는 것도 차이점이 될 수 있겠지요. 물론 이것은 인간 중심의 관점이긴 합니다.

이 지구상에서 인간이 사용하는 언어의 수는 얼마나 될까요? 정확하게 그 수를 알 수는 없습니다. 학자들에 따라 의견이 다르긴 하지만, 대략 6,000~6,500여 개가 된다고 말하는 학자들도 있고(예: Trask & Mayblin, 2005), 6,000여 개라고 하는 학자들도 있습니다(예: Yule, 2020). 대략 6,000개 정도가 된다고 생각하면 되겠습니다.

언어가 새로 생성되는 경우는 흔치 않습니다. 트래스크와 메이블린(Trask & Mayblin, 2005)에 따르면, 아마존의 마이시강 주변에 사는 부족인 피라항족이 사용하는 피라항어(Pirahã)는 새롭게 등장한 언어라고 합니다. 그런데 이 언어가 어느 날 갑자기 새롭게 생성되었다고 보기는 어려울 것입니다. 그동안 그 언어를 사용하는 사람들을 발견하지 못하다가 새롭게 발견한 것이라고 해석하는 것이 맞지 않을까요?

기존의 언어가 바탕이 되어 새로운 종류의 언어가 발생하기도 합니다. 피진어(pidgin)나 크리올어(creole)가 그러한 예입니다. 19세기 말 하와이의 수수농장에서 일하던 일본, 조선, 중국, 필리핀 출신 노동자들이 서로 간 소통을 위해 그리고 농장주와 소통하기 위해 언어를 발전시켰는데, 이 언어가 바로 피진어에 속합니다. 그리고 피진어 사용자들의 다음 세대가 더욱 정교하게 발전시킨 언어가 크리올어입니다. 하나 더 예를 들어볼까요? 멜라네시아 피진어인 톡 피신(Tok Pisin)이 있습니다. 이 언어는 파푸아 뉴기니 섬과 이웃 섬 사람들의 공통어로, 이 지역의 500만여 명이 사용하고 있습니다. 이 피진어 단어의

약 85%가 영어에서 온 것이며, 나머지는 독일어, 말레이어, 포르투칼어, 톨라이어와 뉴기니어에서 차용한 것입니다.[9] 이 피진어가 그다음 세대에 전승되어 좀 더 정교한 언어로 발전하면 크리올어가 되겠지요.

이 지구상의 언어는 지금도 많이 사라져가고 있습니다. 왜 언어가 사멸할까요? 여러 이유가 있겠지만, 언어의 특징을 반영하는 것일 수 있습니다. 힘을 가진 사람들이 사용하는 언어가 주류 언어가 됩니다. 언어는 정치적 힘이나 군사적 힘 또는 경제적 힘의 영향을 받는다고 할 수 있습니다. 지금 전 세계가 영어를 사용하는 것도 그러한 관점에서 이해할 수 있겠지요. 언어는 공동체의 소통 수단이기 때문에 영향력, 즉 힘에 의존하게 됩니다. 힘이 없는 경우에 힘이 있는 사람들이 쓰는 언어를 사용하게 되고, 결국엔 영향력이 있는 사람들이 사용하는 언어가 사회의 공통언어가 됩니다. 이것도 인간 언어의 특징 중 하나가 될 수 있습니다. 이 밖에도 언어에는 여러 가지 특징이 있는데, 이하에서는 그중 몇 가지를 소개하도록 하겠습니다.

우선, 언어의 추상성을 들 수 있습니다. 언어 자체도 추상적인 존재입니다. 그리고 언어는 눈에 보이지 않는 추상적인 존재에 대해서 언급하거나 묘사할 수 있습니다. 언어의 특징을 살펴보고 있는 이 순간에도 언어의 추상성을 확인할 수 있습니다. 이렇게 하는 것이 인간 언어의 특징 중 하나입니다. 인간은 가시적 색깔을 나타낼 때 쓰는 *redness*를 추상적 속성을 나타내는 "적성(赤性)"을 의미할 때도 사용합니다. 존재하지 않는 상태조차도 한국어에서는 "부재(不在)"로, 영어에서는 *absence*로 표현할 수 있습니다. 부재성은 구체적으로 지시할 수는 없지만 언어로 표현할 수는 있습니다. 다른 동물들은 이런 추상성을 표현하는 방법을 가지고 있다는 증거가 없습니다.

다음으로 이격성(displacement)을 인간 언어의 특성으로 들 수 있습니다. 인간은 시간과 공간의 차원에서 현재와 이곳으로부터 떨어져 있는 상황이나 존재에 대해서도 표현할 수 있습니다. *I was in Paris last week*라는 표현은 보이지 않는 과거와 여기에서 볼 수 없는 파리라는 도시를 지금 여기에 있는 상대방에게 말하기 위해 사용됩니다. *I want to be an astronomer*라는 표현으로 미래에 대한 이야기를 합니다. *What do you suppose the surface of Venus is like?*라고 말함으로써 지구 바깥에 있는 존재에 대해서도 이야기합니다. 이렇게 우리는 언어를 통해 시간적으로 그리고 공간적으로 떨어져 있는 것에 대해서 말할 수 있습니다.

언어의 다른 특징으로 자의성(arbitrariness)을 꼽을 수 있습니다. 페르디낭 드 소쉬르(Ferdinand de Saussure, 1857~1913)는 모든 기호(sign)는 기의(signified)와 기표(signifier)로 이루어졌다고 주장했습니다. 그런데 기의와 기표의 대응은 자의적입니다. 예를 들어, 한국어에서 "하늘"이라고 하는 존재를 영어에서는 *sky*로, 프랑스어에서는 *ciel*이라고 표현합니다. 각 언어마다 기의와 기표의 대응 방식이 다르기 때문입니다. 또한 동일 언어 안에서도 특정 단어가 존재할 때 그 의미하는 바와 표현하는 바가 왜 그러한지 그 연관성을 체계적으로 설명할 수는 없습니다. 이렇게 인간 언어는 자의성을 보여줍니다.

인간 언어의 또 다른 속성으로 이원성(duality)을 들 수 있습니다. 이 용어는 미국의 언어학자이자 인류학자인 찰스 호켓(Charles Hockett, 1916~2000)의 패턴의 이원체계(duality of patterning)라는 것에서 연유합니다. 여기서는 단순하게 이원성이라고 부르도록 하겠습니다. 이원성은 음소(phoneme)들 간의 결합 관계를 설명하는 개념입니다. 음소는 뒤에서 자세히 살펴보겠지만 그 자체로는 아무런 의미를 갖지 못합니다. 그냥 변별적인 개별 소리입니다. 그러나 음소가 다른 음소와 결합을 하게 되면 고유의 의미를 갖습니다. 이 관계를 나타내는 것이 이원성입니다.

*top*이라는 것을 예로 들어봅시다. 이 단어를 구성하는 음소들 /t/, /ɑ/, /p/ 각각은 의미하는 바가 없습니다. 영어 원어민의 머릿속에 존재하는 추상적 소리 실체에 다름 아닙니다. 그러나 이 음소들이 /t/-/ɑ/-/p/ 순으로 결합하면 우리가 알고 있는 바로 그 의미를 갖습니다. 그런데 이 음소들이 /p/-/ɑ/-/t/ 순으로 위치를 잡으면 다른 뜻이 됩니다. 이는 음소 자체에는 아무런 의미가 없기에 가능합니다. 이런 방식으로 제한된 수의 음소를 바탕으로 그 결합 순서를 다양하게 함으로써 이론적으로는 무한한 수의 단어를 만들어낼 수 있습니다. 제한성이 무한성을 가져오는 것이지요. 이는 인간 언어의 다른 특징인 생산

성(productivity)과 연관이 됩니다. 이러한 생산성은 단어 형성에만 국한되지 않습니다. 문장의 구조와 관련해서는 생산성이 더욱 두드러지게 나타납니다. 예를 들어, 영어의 경우 관계대명사 *who* 혹은 *which*와 "동사+목적어" 구조 형성이라는 하나의 통사 규칙을 동원하여 다음 예문처럼 이론적으로는 무한한 길이의 문장을 만들어낼 수 있습니다.

4-1 I know the man who knows the writer who writes a novel in which the alien brings a stuff which seems like a thing which …

또한 *think*, *believe*와 같은 동사들이 종속접속사 *that*으로 시작하는 절(clause)을 목적어로 취한다는 규칙을 이용해서 다음 예문처럼 무한한 길이의 문장을 생성해낼 수 있습니다.

4-2 I think that the boy believes that the school master supposes that students guess that …

이처럼 동일한 문장 구조를 생성하는 통사 규칙을 이용하면 새로운 문장이 계속 생성될 수 있습니다. 이렇게 인간 언어는 엄청난 생산성을 지닙니다.

또한 언어는 세대 간 문화전승의 수단으로 사용된다는 점도 인간 언어의 특징 중 하나입니다. 유발 하라리(Yuval Harari, 1976~)도 인류의 조상인 호모 사피엔스가 다른 경쟁자들을 이기고 지구의 주인이 될 수 있었던 것은 언어의 힘 때문이라고 주장했지요(유발 하라리, 2015). 그 힘의 가장 큰 역할은 언어를 통해 문화를 전파하고 전달할 수 있다는 점입니다. 우리는 지금도 언어를 사용해서 문화를 전파하고 전달합니다. 비단 세대 간만이 아니라 지역적인 전파도 하고 있습니다.

인간 언어의 특징을 이해하게 되면 언어에 대한 사랑이 생기게 될 것입니다. 아울러 언어를 사용하는 우리 자신에 대해서도 자긍심이 생길 것입니다.

5

20세기 인문학의 총아, 언어학의 발전

18세기와 19세기에는 언어 연구를 하면서 언어의 가족 관계, 즉 언어 계통을 밝히는 작업과 개별 언어의 생성과 역사적 발전을 살피는 것에 초점을 맞추었습니다. 이러한 연구를 비교역사언어학(historical comparative linguistics)이라고 합니다. 비교역사언어학의 시동을 건 사람은 윌리엄 존스(William Jones, 1746~1794)입니다. 1786년에 산스크리트어로 된 문서가 인도에서 발견되었는데, 윌리엄 존스는 이 언어를 그리스어·라틴어와 비교 분석하면서 이 세 언어 사이에 유사성이 있을 뿐 아니라 공통 조상어가 있다고 주장하였습니다. 그 이후 언어의 계통을 밝히고 언어의 역사적 발전 양상을 연구하는 것이 언어학 분야의 대세가 되었습니다.

그런데 이러한 연구 패러다임이 20세기에 들어와서 바뀌게 됩니다. 그 이전과는 달리 언어 보편적인 구조와 체계에 대해 관심을 갖는 연구, 즉 공시적 일반언어학(synchronic general linguistics)이 대세를 이루게 됩니다.[10] 즉 20세기에 들어서서 역사언어학에서 일반언어학으로 언어 연구의 초점이 옮겨지게 되었습니다.

이러한 변화를 이끈 가장 대표적인 학자는 스위스 출신의 언어학자 페르디낭 드 소쉬르(Ferdinand de Saussure)입니다. 그는 학문활동을 통시적 언어학, 즉 역사언어학으로부터 시작하였습니다. 역사언어학 분야에서 소쉬르가 공헌한 점이 많지만 그 대표적인 것이 후두음(laryngeals)에 관한 연구입니다. 후두음은 [h]와 [ʔ]처럼 조음할 때 공기의 흐름 변화가 후두에서 일어나는 소리를 말합니다. 소쉬르는 현대 인류의 조상인 호모 사피엔스가 직립보행을 하면

페르디낭 드 소쉬르
(Ferdinand de Saussure, 1857~1913)

서 언어를 사용하기 시작했을 때 이러한 후두음들을 가장 먼저 사용했다고 주장하였습니다. 선사시대 인도유럽어의 모습에 대해서는 기록이 없기 때문에 추론을 할 수밖에 없었는데, 이렇게 다시 구성된 언어를 원인도유럽어(Proto-Indo-European)라고 합니다. 소쉬르는 재구성된 이 언어를 통해 자신의 주장을 개진하였습니다.[11]

소쉬르는 역사언어학적 관점에서의 언어 연구에 머무르지 않고 공시적 언어 현상과 언어의 보편적 속성을 탐구하는 것으로 연구 영역을 확장하였습니다. 언어를 연구할 때 개별 언어의 역사적 발전과 언어 계통 연구만으로 언어의 속성을 잘 포착할 수 있는지를 생각해본다면, 소쉬르의 연구 초점 변화가 향후 언어학 발전에 크게 기여하였다는 점을 잘 이해할 수 있습니다. 눈에 보이는 측면, 즉 자료의 비교와 분석에 초점을 맞추기보다는, 합리적 추론 과정을 통해서 언어의 속성을 이해하고자 시도했던 것이 바로 일반언어학의 출발점이 되었습니다. 요즘 많은 학자들은 일반언어학이란 용어 대신에 이론언어학(theoretical linguistics)이라는 용어를 더 많이 사용합니다. 역사언어학은 역사적 자료에 기반하기 때문에 문헌학(philology)과 겹치는 측면이 있습니다. 반면에 일반언어학은 공시적 자료를 통해 일반성을 추출해서 가설을 세우고 합리적 추론 과정을 통해 그 가설의 정당성을 드러내는 데 초점을 맞춥니다.[12]

역사언어학에서 일반언어학으로 언어 연구의 패러다임을 바꾼 측면에서 소쉬르는 굉장히 용감한 사람이었다고 할 수 있습니다. 그의 대학 강의 내용을 제자들이 열심히 기록하고 이를 모아서 출판한 것이 바로 『일반언어학 강의(*Le cours de linguistique general*)』입니다. 소쉬르의 사상과 주장은 이 저서에 잘 나타나 있습니다.

소쉬르는 언어는 기호의 체계(a system of sign)이자 구조의 체계(structure system)라고 주장합니다. 그에 의하면 기호는 기표(signifier)와 기의(signified) 두 가지로 구성되어 있습니다. 기표는 형태이고 기의는 의도된 바를 지칭하는데, 언어에서의 기표는 소리이고 기의는 의미입니다. 기표와 기의가 대응하는 방식은 개별 언어에 따라 다릅니다. 예컨대, 개념으로서 동물 "말"을 나타내는 기표는 영어는 *horse*, 한국어는 *mal*, 중국어는 *ma*, 프랑스어는 *cheval*, 라틴어는 *equus*이지요.

5-1

소쉬르는 이렇게 언어를 기호체계로 보면서 이 체계가 중층적으로 구조화되었다고 보았습니다. 기표와 기의라는 용어 대신 표상과 표의라는 용어를 쓰기도 합니다. 언어를 구조화된 체계로 본 소쉬르의 주장은 구조주의(structuralism)라는 이름으로 20세기에 문학, 사회학, 인류학 등 학문 전반에 걸쳐 큰 영향을 끼쳤습니다. 구조주의 문학비평, 구조주의 인류학 등이 그 예입니다.

소쉬르는 또한 언어를 언어능력을 지칭하는 랑그(langue)와 현실적으로 구현되는 파롤(parole)로 구별하면서, 언어 연구의 대상을 랑그로 삼고 있습니다. 그는 랑그는 추상적이면서 고정적인 반면, 파롤은 구체적이고 변화무쌍하다고 가정했습니다.

5-2	언어	랑그	(추상적)
		ǀ	
		파롤	(구체적)

언어를 랑그와 파롤로 구별하고 언어능력을 지칭하는 랑그를 연구 대상으로 삼아야 한다는 매우 독창적이고 과감한 이 주장은, 뒤에 에이브럼 노엄 촘스키(Avram Noam Chomsky)에 의해 보다 정교하게 발전합니다. 촘스키는 언어를 언어능력(linguistic competence)과 언어수행(linguistic performance)으로 구조화하였고, 언어능력은 언어 사용자의 머릿속에 존재하는 생득적인 것이고 이것이 언어 연구의 대상이 되어야 한다고 주장했습니다. 또한 언어수행은 화자가 처한 발화 상황에 따라 변화가 있기 때문에 언어 연구의 대상으로는 적절하지 않다고 보았습니다. 소쉬르와 촘스키는 이와 같이 언어를 이분법적으로 구조화하고 추상적인 측면인 언어능력을 연구 대상으로 해야 한다고 주장하였습니다.[13]

이렇게 언어능력을 중요시하는 관점은 소쉬르와 촘스키만 견지했던 것은 아닙니다. 19세기로 거슬러 올라가면 독일의 언어학자이자 교육자인 카를 빌헬름 폰 훔볼트(Karl Wilhelm Von Humboldt, 1767~1835)도 마찬가지였습니다. 훔볼트는 인간의 말할 수 있는 능력이란 마음(mind)의 생득적 속성과 환경(environment)의 상호작용에 의한 것이라고 주장했습니다. 훔볼트에 따르면 언어는 마음속에서 각성되는 것이지요. 사실 언어의 추상적인 측면을 포착한 사람으로 기원전 5세기의 인도 언어학자 파니니(Panini, B.C. 520~B.C. 460)가 있었습니다. 파니니는 표면적으로 드러나는 구조의 기저에는 추상적인 구조가 있고, 이 두 구조 사이에 규칙이 작용한다고 설파하였습니다. 이러한 주장은 촘스키의 생성 문법과 맥을 같이하고 있습니다. 17세기의 철학자이며 수학자인 데카르트(Rene Descartes, 1596~1650)의 합리주의에 입각한 언어관도 촘스키에게 큰 영향을 미쳤습니다. 데카르트도 보편적 언어능력을 규명하고자 노력하였습니다.

소쉬르의 구조주의는 20세기 여러 학문 분야에 영향을 끼쳤지만, 그 못지않게 로만 야콥슨(Roman Jakobson, 1896~1982)도 구조주의 개념의 정립에 큰 공헌을 했습니다. 야콥슨은 소쉬르와는 독립적으로 언어학 분야에서 구조주의의 기틀을 세웠습니다. 그는 모스크바 대학 재학 중에 논문을 썼는데, 이 논문에서 이미 언어를 구조적으로 분석하려고 했습니다. 야콥슨은 모스크바 언어학회를 창립해서 회장직을 수행하였고, 뒤에 러시아가 정치적으로 혼돈 속에 있을 때 체코로 건너가서 프라그 학파(Prague School)를 창립하는 데 주도적인 역할을 했습니다. 프라그 학파는 변별자질(distinctive feature)이라는 중요한 개념을 고안함으로써 음운론 분야, 나아가 언어학 연구 전반에 큰 공헌을 하였습니다. 야콥슨은 이후 미국으로 건너가서 20세기 언어학의 가장 중요한 인물인 촘스키에게 큰 영향을 미쳤습니다. 야콥슨은 시학(Poetics), 기호학(Semiotics), 미학(Aesthetics) 등 여러 학문 분야에도 영향을 미쳤습니다.

미국 언어학 분야에서의 구조주의는 인류학자인 프랜츠 보애스(Franz Boas, 1899~1942)와 그의 제자인 에드워드 사피어(Edwar Sapir, 1884~1939), 민속학자 겸 언어학자인 벤저민 리 워프(Benjamin Lee Whorf, 1897~1941), 그리고 레너드 블룸필드(Leonard Bloomfield, 1887~1949)에 의해 이론적으로 더욱 강화되었습니다. 미국의 구조주의 언어학은 20세기 중반까지 언어학의 주류였다가, 1950년대 이후에 촘스키가 주창한 생성주의 언어학의 공격 대상이 되었고, 그 이후 결국 쇠퇴하게 되었습니다. 촘스키 언어학은 여러 이론적 명칭으로 변모하고 발전해오면서 20세기 중반 이후부터 현재까지 견고하게 유지되고 있습니다.

6

언어에 대한 태도

오늘날 대부분의 언어학자들은 기본적으로 어떠한 발음이나 문장 구조가 옳다거나 그르다고 말하지 않습니다. 그런 의견이 없다는 뜻은 아닙니다. 개인적 의견이 있을 테지만, 학자로서의 객관적 태도를 유지하려고 합니다.

언어는 어떻게 보면 인간이 가지고 있는 자연스러운 과정을 밟습니다. 예를 들어, 단어가 새로 만들어지고 자라며, 많은 사람들이 사용하면 유지되고, 그렇지 않으면 없어지지요. 즉 인간이 자연 속에서 가지는 과정, 즉 생로병사나 생장수장(生長收藏)을 언어도 가집니다. 태어나서 자라고 늙고 병들어 죽는다든지, 태어나서 자라고 익어서 저장된다든지 합니다. 그렇기 때문에 인간의 변화 과정에 대해 좋고 나쁘고를 말하지 않듯이, 언어에 대해서도 마찬가지입니다.

현실적으로 본다면 언어에 관해 정책 결정권자들이 취하는 태도는 좀 다를 수 있습니다. 언어 정책자들은 어떤 것이 표준어이고, 어떤 발음이 표준 발음인지, 또 어떤 것이 적형(適形)의 문장인지 등등을 정하려고 합니다. 19세기, 20세기 초기에 건국된 신생국이나 제2차 세계대전 이후 독립한 국가들에서는 언어 정책을 시행한 국가가 많이 있습니다.

언어 정책자들뿐 아니라 19세기의 영국에서는 어떤 문장이 옳고 어떤 문장은 비이성적이고 괴팍스럽다고 평가하는 사람들이 있었습니다. 이런 부류의 사람들을 규범주의자(prescriptivist)라고 불렀습니다. 예를 들어, 그 당시에는 *My house is being painted* 라는 표현을 비합리적이고 괴물 같은 것이라고 혹독하게 비난했습니다. 대신 그들은 *My house is painting*을 유일하게 좋은 문장이라고 했습니다(Trask & Mayblin, 2005: 90). 하지만 지금은 어떻습니까? *My house is painting*은 사라지고, 그렇게 욕을 먹던 *My house is being painted*가 올바른 문장으로 받아들여지지 않습니까?

오늘날에는 다행히도 영미권에 규범주의자들이 거의 없습니다. 그렇게 많은 영어 방언과 변이가 있음에도 불구하고 어떤 것을 표준어로 삼고 어떤 것을 표준 발음으로 삼자고 하는 주장은 없습니다. 영어의 변이가 매우 다양하지만 여전히 공통성이 많아서 의사소통에 아무런 어려움이 없기 때문에 그러할 수도 있지 않을까 생각됩니다. 또한 뒤에서도 다시 언급하겠지만, 언어 변이에 대한 연구와 사회언어학의 대두 등도 이러한 현상에 영향을 미쳤을 것입니다.

이제 우리의 주 관심 사항인 영어에 대해 좀 더 구체적으로 살펴보겠습니다.

7
영어의 정체성

우리는 영어를 하나의 균일한(homogeneous) 언어로 이해하는 경향이 있습니다. 하지만 영어에는 여러 종류가 있습니다. 특히 발음에 있어서 지역에 따라 차이가 많이 납니다. 심지어 문장의 구조에서도 차이가 납니다. 따라서 균일한 단일 영어는 존재하지 않는다고 생각해야 합니다.

그럼, 영어에는 어떠한 것들이 있을까요?[14] 지역적인 측면에서 일반 미국 영어, 남부지방 미국 영어, 영국 영어, 호주 영어, 인도 영어 등으로 구별할 수는 있습니다. 미국 흑인 영어(African American English)나 코크니 영어(Cockney English)처럼 인종적·계층적 요소에 따라 구별하기도 합니다. 그렇다고 표준 영어냐 비표준 영어냐 하는 식으로 구별하는 것은 곤란합니다. 어떠한 방언을 표준어라고 말할 수 있을까요? 정치적 편향이 들어가는 구분은 하지 않는 경향이 있습니다.

심지어 영어를 하나의 언어가 아닌 복수의 언어처럼 취급하는 학자들도 있습니다. 예를 들어, 인도 출신의 언어학자인 브라즈 카츠루(Braj Kachru, 1932~2016)는 영어를 불가산명사인 *English*라고 하지 않고 가산명사인 *Englishes*로 간주합니다. 오늘날의 영어는 하나의 균일한 언어가 아니라는 뜻이지요.

방언에 따라 문장 구조가 차이 나는 경우를 살펴볼까요? 다음 문장 중에서 어떤 것이 문법적으로 올바른 것일까요? 두 문장에는 어떤 차이가 날까요?

7-1 a. I am sick.
b. I be sick.

우리나라 학교에서는 (7-1a)만 문법적이라고 가르치고 배우는 것은 아닌가요? 일반 미국 영어에서는 (7-1a)는 문법적이고 (7-1b)는 비문법적이라고 간주합니다. 하지만 미국 흑인 영어에서는 두 문장 모두 문법적이라고 취급합니다. 다만 (7-1a)는 "지금" 아픈 상태를, (7-1b)는 과거부터 지금까지 아픈, 즉 만성적으로 아픈 것을 표현합니다. 두 경우를 구별해서 사용하는 것입니다. 일반 미국 영어에서 (7-1b)가 적형의 문장이 되기 위해서는 조동사 *should*를 넣어서 사용하지요. 역사적으로 본다면, 가정법(subjunctive)을 나타낼 때는 *should be*나 간단하게 *be*로 표현하는 것이 문법적이었습니다. 이렇게 본다면 미국 흑인 영어가 영어의 전통을 더 잘 계승한 것이라고 볼 수도 있겠지요. 어찌되었건, 이렇게 영어의 방언에 따라 문장의 문법성이 다르게 평가받습니다.

8

영어의 역사

영어는 살아 있는 생명체 같습니다. 계속해서 변해왔습니다. 다음 중세 시를 한번 음미해 볼까요?[15]

8-1

God, that all this mightes may,
In hevene and erthe thy will is o,
Ich habbe be losed mony a day,
Er and late, ibe thy fo;
Ich wes to wite and wiste my lay,
Longe habbe holde me therfrom
Ful of mercy thou art ay;
All ungreithe ich am to thee to go.

잘 이해되는지요? 시라는 것을 감안하더라도 이해하기가 쉽지 않습니다. 어떤 경우에는 독일어 같아 보이기도 하지요. 현대 영어로 옮기면 다음과 같을 것입니다. 중세 영어가 현대 영어와 많이 다르다는 것을 알 수 있습니다.

8-2 God, who can perform all these mighty deeds,
In heaven and earth your will is always,
I have been brought low many a day,
Early and late, by your foe;
I was to blame and knew my duty,
Long have I kept from it,
Full of mercy you are always,
All unprepared I am to you to go.

이처럼 영어는 오랜 시간 동안 많이 변해왔습니다. 그래서 영어를 그냥 수식어 없이 쓰는 것은 오해를 불러일으킬 수 있습니다. 영어를 통시적으로 구분해본다면 고대 영어(Old English), 중세 영어(Middle English), 초기 근대 영어(Early Modern English), 근대 영어(Modern English), 현대 영어(Present English) 등으로 나눌 수 있습니다. 근대 영어와 현대 영어는 사실 구별이 매우 애매합니다. 그리고 현대 영어를 어느 시점부터 잡을지 분명한 역사적 사건도 없습니다. 따라서 16세기부터 현재까지의 영어를 *Modern English*라고 부르는 학자들도 있습니다. 시기에 따른 이러한 구분 중에서 영어사를 연구하는 학자들은 고대 영어와 중세 영어 그리고 초기 근대 영어 시기에 관심을 많이 갖습니다. 이 시기에 영어는 많은 변화를 겪었기 때문입니다.

고대 영어는 게르만족의 대이동이 시작된 5세기부터 11세기 중반까지의 영어를 지칭합니다. 역사학자들은 게르만 대이동이 449년부터 본격적으로 이루어졌다고 주장합니다. 이 시기부터 노르만 정복이 일어나기 전까지의 영어를 고대 영어라고 합니다. 게르만 대이동 기간 동안 독일 고지대에 살던 게르만족들 중에 앵글족(Angles)과 색슨족(Saxons) 그리고 유트족(Jutes) 등이 영국 섬으로 이주하였는데, 이 종족들이 쓰던 언어가 바로 영어의 원조라고 할 수 있습니다.

현대 영어는 영국 섬의 남쪽에 정주한 앵글족과 색슨족의 언어가 전승되어온 결과입니다. 보통 앵글로색슨족으로 합쳐서 부릅니다. *English*라는 단어는 앵글족이 사용하던 언어를 의미하는 *Englisc*에서 연유합니다.

고대 영어는 라틴어나 그리스어에서 많은 단어들을 차

용하였습니다. 아버지를 뜻하는 *father*는 그 어원이 라틴어 *pater*입니다. 물론 음운 변화가 있어서 [p]가 [f]로 바뀌긴 했습니다. 그렇다고 라틴어의 *pater*가 무조건 음운 변화를 겪은 것은 아닙니다. *patrimony*나 *patricide* 등에는 라틴어 어원이 그대로 남아 있습니다. 현대 영어 *bishop, candle, martyr* 등도 그 어원이 라틴어인데, 고대 영어 시기에 영어로 들어왔습니다.

고대 영어는 9, 10세기에는 바이킹들(Vikings)이 쓰던 언어로부터도 많은 영향을 받았습니다. 바이킹은 지금의 덴마크, 노르웨이, 스웨덴에 거주하던 스칸디나비아인을 지칭하며, 고대 북구인(Old Norsemen)이라고 불리기도 합니다. 현대 영어 *give, law, leg, skin, sky, take* 등도 바이킹으로부터 유입된 단어들입니다. [sk]로 발음되는 많은 단어들이 바이킹으로부터 왔습니다. 그리고 *they*와 *thou* 등도 고대 북구인의 언어로부터 고대 영어에 유입되었습니다. 단수 2인칭 대명사 *thou*는 현대 영어 방언, 특히 미국 남부 영어에 그 흔적이 남아 있습니다.

8-3 Thou art young. (=You are young.)

고대 영어에서 복수형 2인칭 대명사로는 *ye*가 쓰였는데, 그 흔적이 다음과 같은 표현에 남아 있습니다.

8-4 Ye boys listen to this.

고대 영어를 대표하는 작품인 『베어울프(*Beowulf*)』를 보면 현대 영어와 크게 차이가 나는 것을 확인할 수 있습니다. 『베어울프』를 고대 영어 표기로 하면 *Weowolf*입니다. 현대 영어로는 *person-wolf*로 나타낼 수 있습니다. *weo*는 사람이라는 뜻의 *were*가 어원입니다. 『베어울프』를 통해서 우리

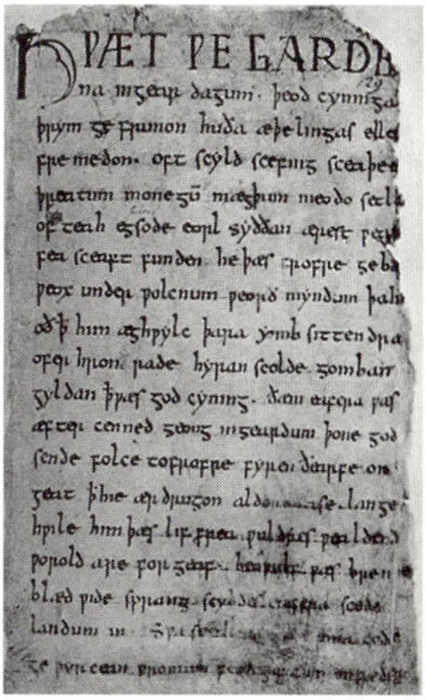

고대 영어를 대표하는
영국 최고(最古)의 영웅 서사시
『베어울프(*Beowulf*)』의 첫 페이지

는 영어가 지난 세월 동안 얼마나 많이 변했는지 알 수 있습니다. 『베어울프』의 한 부분을 소개합니다.

8-5 alegdon tha tomiddes maerene theoden
haeleth hiofende hlaford leofne
ongunnon hta on beorge bael-fyra maest
wigend weccan wudu-rec astah
Sweart ofer swiothole swogende leg
wope bewunden

잘 이해가 되는지요? 읽기조차 힘이 들지요. 이것을 현대 영어로 바꾸면 다음과 같습니다.

8-6 The sorrowing soldiers then laid the glorious
prince, their dear lord, in the middle.
Then on the hill the war-men began to light the
greatest of funeral fires.
The wood-smoke rose black above the flames,
The noisy fire, mixed with sorrowful cries.

슬픈 군인들이 그때 그들의 존경하는 군주
영광스런 왕 베어울프를 중앙에 안치했다.
그때 언덕 위에서 군인들은 장례의 불을 피우기
시작했다.

타는 나무의 연기가 불길과 함께 검게 피어올랐고,
타는 장작 소리와 슬퍼하는 부하들의 울부짖음이
뒤섞여 있었다.

중세 영어는 11세기 말부터 1500년 정도까지의 영어를 지칭합니다.[16] 중세 영어의 예를 들어볼까요. 이때의 발음은 지금과 다릅니다. 현대 영어의 *young*의 발음과는 다르게 중세 영어에는 이 단어가 *yong*처럼 발음이 되었습니다.

단어의 의미에도 변화가 생겼습니다. 중세 영어에는 *deorum*(현대 영어의 *deer*)이 "동물"이라는 뜻으로 사용되었습니다. 그러나 현대 영어에서는 "사슴"이라고 하는 특정한 종류의 동물을 지칭하는 것으로 바뀌었습니다. 일반적 의미에서 국한적 의미로 의미 축소 현상이 일어난 것입니다. 이런 예로는 *mete*(현대 영어의 *meat*)도 포함됩니다. 즉 "일반적 음식"이라는 뜻에서 "육류"만을 의미하게 되었습니다.

현대 영어에서는 복수형을 표시할 때 *-(e)s*를 쓰지요. *trees, oaks* 그리고 *buses*를 보면 쉽게 알 수 있습니다. 그런데 중세 영어에서는 *-en*이 일반적으로 사용되었습니다. 지금 우리가 불규칙한 복수형으로 생각하는 *oxen*과 *children*은 중세 영어에서는 매우 규칙적인 복수형이었습니다.

단어의 형태에 있어서도 중세 영어는 현대 영어와 다른 경우가 많습니다. 중세 영어에서 일반적 동물을 지칭하는 *deorum*에서 *deor*와 *-um* 두 형태소가 결합되어 있는 것을 알 수 있습니다. 형태소 *-um*은 "-들에게"라는 의미를 지닌 복수여격(dative plural) 형태소였습니다. 이 형태소는 강세가 없어서 모음이 약화되다가 급기야 자음도 함께 탈락했습니다. 지금은 그래서 복수형도 *deer*로 남아서 단수와 복수형이 동일합니다. 영어의 역사로 본다면 단수와 복수가 같은 모습을 취하고 있는 게 크게 이상한 것은 아닙니다.

중세 영어 시기에는 프랑스어에서 많은 단어를 차용하였습니다. 1066년에 정복왕 윌리엄(William the Conqueror)을 중심으로 프랑스 서북부 지방에 거주하던 게르만족이 영국 섬을 정복한 사건이 있는데, 이것을 노르만 정복(Norman Conquest)라고 합니다. 노르망디라고 불리는 지역에 살던 게르만족이 사용하던 언어는 당시 프랑스 파리 지역에서 사용되던 *Central French*와는 많이 다른 *Norman French*라고 불렸습니다. 정복왕 윌리엄의 영국 지배로 인하여 이들이 사용하던 *Norman French*가 영국의 궁정 언어가 되었고, 이후 영어는 프랑스의 영향을 급격하게 받게 됩니다. 프랑스어가 영국 궁정의 언어가 된 것이지요. 이 시기에 현대 영어에 쓰이는 *army*라는 단어가 유입되었습니다. 그 전까지는 같은 의미로 *here*라는 단어를 사용하였습니다. 토착 단어인 *here*가 아직 지명에 남아 있기도 한데, *Hereford*가 그 예입니다. *ford*는 건너기 쉬운 개울을 뜻합니다. 아마도 그곳에 군인들이 진을 친 것 같습니다.

중세시대에는 지배 계급인 상류층이 프랑스어를 사용하였고, 평민들은 토착어를 사용하였던 것을 자연스럽게 짐작할 수 있습니다. 상류층이 쓰던 프랑스어에서 유래한 단어와 평민들이 쓰던 토착어 단어가 공존하다가 현대 영어에 그대로 전승된 것들도 많이 있습니다. 예를 들어 프랑스 어원의 *mutton*과 토착어 *sheep*이 공존하였는데,

이것이 지금까지 유지되고 있습니다. 물론 의미하는 바는 다릅니다. 상류층이 쓰던 단어는 음식 이름으로 남아 있고, 토착어 단어는 동물의 종류를 뜻하는 것으로 남아 있습니다. 비슷한 예로 *beef – cow*, 그리고 *pork – pig*도 있습니다. 각 쌍의 전자는 음식명, 후자는 동물의 종류를 뜻합니다. 상류층은 음식을, 평민은 동물 자체를 접할 기회가 더 많았을 것이므로, 이러한 어휘의 의미 변화를 짐작해 볼 수 있습니다.

중세시대의 대표적 작가로 제프리 초서(Geoffrey Chaucer, 1342?~1400)가 있습니다. 그래서 중세 영어를 속칭 초서 시대의 영어라고 부르기도 합니다. 다음에 초서의 『캔터베리 이야기』의 일부를 보여드리겠습니다. *Summoner's Tale* 프롤로그의 일부분입니다. 수사(friar)가 자신은 지옥을 잘 안다고 자랑을 하는 장면이 나온 뒤, 그가 지옥에 가서 본 것을

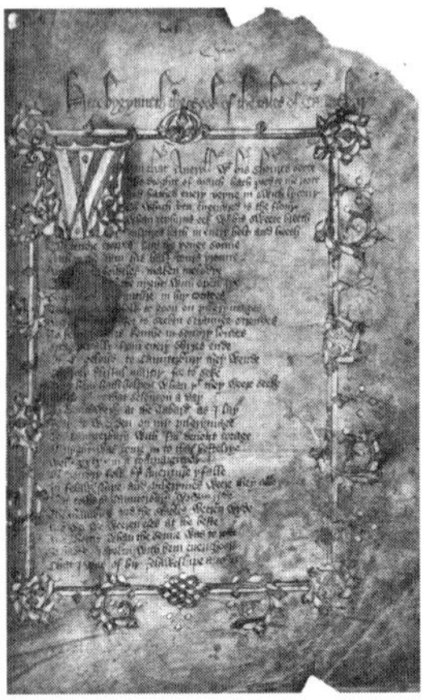

제프리 초서의 『캔터베리 이야기』
타이틀 페이지

묘사하는 장면입니다. 지옥에서 천사가 수사를 이리저리 안내하면서 이야기하는 것이 포함되어 있습니다.

8-7 And as an angel ladde hym up and doun,
To shewen hym the peynes that the were,
In al the place saugh he nat a frere;
Of oother folk he saugh ynowe in wo.
Unto this angel spak the frere tho:
Now, sire, quod he, han freres swich a grace
That noon of hem shal come to this place?

이를 현대 영어로 나타내면 다음과 같습니다.

8-8 And as an angel led him up and down,
To show him the pains that were there,
In all the place he saw not a friar;
Of other folk he saw enough in woe.
To this angel spoke the friar thus:
"Now sir", said he, "Have friars such a grace
That none of them come to this place?"

그리고 지옥의 고통을 보여주기 위해
천사가 그를(수사를) 이리저리 안내할 때
지옥 어디에서도 그는 수사를 발견하지
못했습니다.

다른 사람들은 고통에 빠져 있는 것을 보았죠.
수사가 천사에게 말했습니다. "수사들은 은총을
받아서 여기에 한 명도 오지 않았나요?"

초기 근대 영어는 16세기부터 1700년 정도까지 사용되던 영어를 지칭합니다. 초기 근대 영어에는 모음, 그중에서 장모음에 엄청난 변화가 일어납니다. 이때의 모음 변화 현상을 모음대추이(Great Vowel Shift)라고 부릅니다. 다음 문장을 살펴봅시다.

8-9 The defeated fly turns and flees.

명사로 쓰이는 *fly*와 동사로 쓰이는 *flee*는 무슨 관계가 있을까요? 초기 근대 영어 시기에 장모음 [iː]가 이중모음 [aɪ]로 변하게 되는 현상, 즉 모음대추이에 의해서 [fliː]는 [flaɪ]로 발음됩니다.[17] 그것이 *fly*로 표시되고 원래의 장모음을 갖는 것도 공존하게 되었습니다. 현대 영어에서는 원래 장모음으로 남아 있던 *flee*와 변화를 보인 *fly*는 다른 뜻으로 사용되는 경향이 있지만, 경우에 따라서는 *fly*도 *flee*의 뜻으로 쓰이기도 합니다. 옛 표현에 반영되어 흔적으로 남아 있기도 하지만, 실제로 다음과 같이 *fly*를 *flee*의 뜻으로 사용하기도 합니다.

8-10 Turkish soldiers fly to Greece for asylum.

이처럼 영어의 역사를 알게 되면 영어에 대한 이해가 훨씬 더 깊어집니다. 그리고 영어 공부가 더 재미있어집니다.

셰익스피어가 왕성하게 활동하던 시기, 그의 글을 통해서도 영어에 많은 변화가 있었음을 확인할 수 있습니다.[18]

8-11 My brother Jacques he keeps at school, and report speaks goldenly of his profit; for my part, he keeps me rustically at home, or, to speak more properly, stays me here at home unkept; for call you that keeping for a gentleman of my birth, that differs me from the stalling of an ox?

『뜻대로 하세요(*As You Like It*)』

단어는 익숙하고 지금도 사용되는 것들이지만 그 용법이 현대 영어와 차이가 있습니다. 셰익스피어의 글을 현대 영어로 바꾸어보겠습니다.

8-12 My brother Jacques keeps at school and he has good grades. As for me, he doesn't take good care of me at home. To speak more correctly, he just lets me stay here at home unprotected. Can I say to you that caring a high-bred gentleman like me should differ from eyeing an ox?

다음은 『걸리버 여행기』를 쓴 18세기 영국 작가 조너선 스위프트(Jonathan Swift, 1667~1745)의 글을 한번 읽어볼까요?[19] 얼마나 잘 이해할 수 있을까요?

8-13 But where I say, that I would have our Language, after it is duly correct, always to last; I do not mean that it should never be enlarged: Provided, that no Word which a Society shall give a Sanction to, be afterwards antiquated and exploded, they may have liberty to receive whatever new ones they shall find occasion for.

딱히 모르는 단어는 없는데 전체적으로 뭔가가 이상하지요? 그렇지만 전반적으로 중세 영어나 셰익스피어 영어보다는 이해하기 쉽지요. 이것을 다음과 같이 현대 영어로 바꾸면 좀 더 쉽게 이해할 수 있을 것입니다.

8-14 But where I say: I would let our language last forever if it were properly correct; I do not mean that it will not be enlarged: Provided that a word, which a Society might give a sanction to, were afterwards neither obsoleted nor perished, it would have chance to receive whatever new meaning that fits well.

지금까지 영어의 변화에 대해서 살펴보았습니다. 어떻습니까? 영어에 대한 이해가 어느 정도 깊어졌는지요. 영어의 발달 과정에 대해 관심이 있으면 심화 학습을 참조하세요.[20] 영어의 역사적 변천에 관해서 충분히 이해가 되었다면 다음 장으로 넘어가도 전혀 상관이 없습니다. 이제 II부에서는 이론영어학의 세부 분야에 대해 살펴보겠습니다.

| 심화 학습 |

영어의 역사에 대해 살펴보았는데, 이렇게 시간 흐름에 따라 언어가 변화하는 모습을 공부하는 분야를 역사언어학이라고 합니다. 앞에서도 잠시 언급하였듯이, 역사언어학은 18, 19세기 언어학의 주류였습니다. 1786년에 발견된 산스크리트어 문서를 윌리엄 존스(Sir William Jones)가 연구하면서 그는 이 문서에 기록된 언어, 산스크리트어와 라틴어 그리고 고대 그리스어가 친족관계를 형성한다고 주장하였습니다.

이 주장 이후에 언어의 족보를 연구하는 것이 언어학의 주류가 되었고, 프란츠 보프(Franz Bopp), 그림(Grimm) 형제, 라스크(Rasmus Rask) 등에 의해 그 꽃을 피웠습니다. 언어 간 비교를 통해 언어의 족보, 가족관계를 규명하는 것이 주 연구내용이었기 때문에 비교역사언어학이라고 하기도 합니다. 여러 언어에서 같은 의미를 가지는 단어들을 비교하면서 그 단어에 나오는 분절음을 비교해 그 유사성을 파악하고, 그것을 통해 그 대상 언어들의 조상어(ancestor language)를 밝히는 것이 비교역사언어학의 주요 연구 방법이었습니다.

영어와 독일어 그리고 스웨덴어, 이 세 언어의 공통 조상어는 무엇일까요? 역사언어학자들은 이 언어들의 조상어를 원게르만어(Proto-Germanic)라고 부릅니다. 그중에서 영어와 독어는 할아버지가 같은 4촌쯤 되고, 영어와 스웨덴어는 6촌이나 8촌쯤 됩니다. 영어와 독일어는 서게르만어(West Germanic)로, 그리고 스웨덴어는 북게르만어(North Germanic)로 분류됩니다.

영어의 형제에 해당하는 언어는 무엇일까요? 프리지아어(Frisian)입니다. 프리지아어는 지금의 네덜란드 북쪽 해안 일대와 독일 해안 지방에 흩어져 살던 게르만족이 쓰던 언어입니다. 아마도 지금의 북부 독일 지역에 살던 게르만족이 이동을 하다가 사방으로 흩어지면서, 일부는 앞에서 살펴보았듯이 영국 섬에 도착해서 지금의 영어를 사용하게 되었고, 다른 일부는 네덜란드 북쪽 해안과 독일 해안으로 가서 프리지아어의 원조가 되었을 것이라 추정할 수 있습니다. 지금 남아 있는 자료상으로는 고대 영어의 대부분은 웨식스(Wessex)에 정착한 게르만족이 쓰던 언어였습니다.

II

이론언어학

9

영어 소리의 이해

영어 단어 *hot*을 발음해보세요. 공기가 입에서 바깥으로 나오는 것이 느껴지나요? 이 단어를 발음할 때 나는 소리를 우리는 어떻게 분석할 수 있을까요? 이 장에서는 영어의 다양한 소리들에 대해서 알아보기로 하겠습니다.

인간이 의사소통을 하기 위해 의도적으로 만들어내는 소리를 음(sound)이라고 할 때, *hot*은 [h], [ɑ], [t]라는 세 개의 음으로 구성되어 있습니다. 좀 더 정확하게 말하면 세 개의 언어음(speech sound) 또는 말소리(speech sound)로 구성되어 있습니다. 이러한 음을 연구하는 분야가 바로 음성학(Phonetics)입니다. 영어에서 사용되는 음을 연구하면 영어음성학이 됩니다.

음성학을 좀 더 세분하면, 음이 만들어지는 위치나 방법 등을 연구하는 분야를 조음음성학(Articulatory Phonetics)이라고 합니다. 공기가 폐의 수축에 의해 몸 밖으로 나오면 우리는 음을 만들기 위하여 그 공기의 흐름을 의도적으로 변화시킵니다. 조음기관(articulator)의 작용을 통해 공기 흐름의 변화가 일어나는 위치와 어떻게 그 변화가 이루어지는지를 분석하는 분야가 바로 조음음성학입니다. 공기가 입 밖으로 나온 뒤 우리의 귀 고막으로 전달되는 과정은 파동으로 나타납니다. 이 파동은 육안으로는 보이지 않습니다. 이 파동을 기계로 포착하고 그 모습들을 분석해서 음의 속성을 이해하는 분야도 있습니다. 이 분야

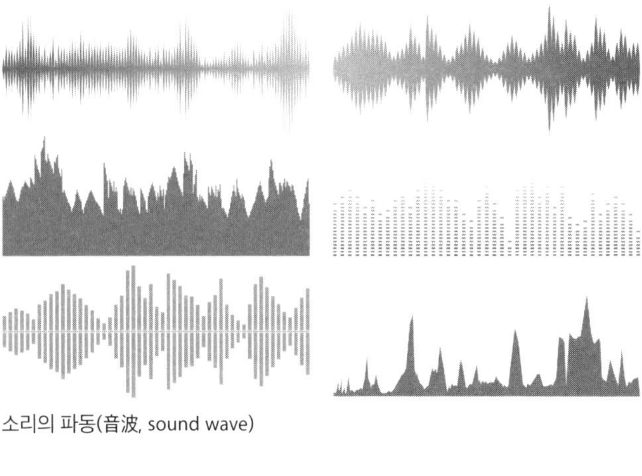

소리의 파동(音波, sound wave)

를 음향음성학(Acoustic Phonetics)이라고 합니다.

그다음, 소리의 파동이 귀 고막을 자극한 이후부터 우리의 뇌 안에서 인식되는 과정과 인식의 결과를 분석하는 분야가 있는데, 이것을 지각음성학(Perceptual Phonetics)이라고 합니다.[21]

이 세부 분야 중에서 음성학이라고 할 때 가장 일반적으로 지칭되는 것이 조음음성학으로, 음을 연구하는 가장 전통적인 방식입니다. 최근에는 음향음성학과 지각음성학에 대한 연구도 활발하게 이루어지고 있지만, 이 역시 조음음성학의 오래된 연구 결과에 기반하고 있습니다. 이하에서는 조음음성학에서 인간의 언어음을 어떤 방식으로 구분하여 연구하였는지를 살펴보겠습니다.

보통 우리가 음을 자음(consonant)과 모음(vowel), 구음(oral sound)과 비음(nasal sound), 폐쇄음(stop sound)과 마찰음(fricative sound), 유음(liquid), 전이음(glides) 등으로 구별하는데, 바로 이런 것이 조음음성학의 기본적인 연구 결과입니다. 이 외에도 조음음성학의 연구를 통해 인간이 만들어내는 언어음에 대해 많은 사실들을 알 수 있습니다. 예를 들어, 자음은 모음보다 공기 흐름 과정 중에 조음기관에서의 수축(constriction)이 훨씬 많고, 그에 따라 자음의 공명도(sonority)가 모음의 공명도보다 낮습니다. 자음들 간에도 공명도의 차이가 있는데, 폐쇄음과 마찰음이 비음과 유음보다 공명도가 낮습니다.

좀 더 구체적인 예를 통해 조음음성학에 대해 이해해 봅시다. 다음 예는 접두어(prefix)가 어간(stem)과 결합하여 새로운 단어를 형성하는 것을 보여줍니다.

9-1
a. impossible
b. intolerable
c. incomplete

(9-1)의 부정접두어가 어떻게 발음될까요? (9-1a)에서는 [ɪm], (9-1b)에서는 [ɪn], 그리고 (9-1c)에서는 [ɪŋ]으로 발음됩니다. 이렇게 하나의 동일한 접두어가 다르게 발음되는 이유가 무엇일까요? 부정접두어의 마지막 자음인 비음(nasal sound)이 뒤에 오는 자음에 따라 달리 발음된다는 것을 발견했나요?

9-2	[m]	[p]	순음(labial)
	[n]	[t]	치경음(alveolar)
	[ŋ]	[k]	연구개음(velar)

조음음성학의 관점에서 보면 이러한 현상은 쉽게 설명이 됩니다. 부정접두어의 자음이 뒤에 오는 어간의 첫 음이 [p]면 [m], [t]면 [n], 그리고 [k]이면 [ŋ]으로 발음되지요. 연속되는 자음이 동일한 위치에서 조음되는 것이 발음하기 쉽기 때문에 이런 현상이 발생합니다. 이를 동화(assimilation) 현상이라고 합니다.

앞서 살펴본 부정접두어는 하나의 형태소(morpheme)에 해당됩니다. 형태소란 의미를 가지고 있는 최소 단위를 말합니다. 부정의 의미를 지닌 형태소가 또 다른 형태소인 *possible, tolerable, complete*와 결합해서 새로운 단어를 형성한 것이지요.

그렇다면 뒤따르는 형태소의 첫 자음에 따라 세 개로 발음되는 이 부정접두어가 세 개라고 하는 것이 좋을까요, 아니면 하나라고 하는 것이 좋을까요? 하나의 동일한 형태소가 주변 환경에 따라 세 개로 달리 발음된다고 하면 이 형태소가 동일한 의미와 기능을 지니는 것을 쉽게 포착할 수 있습니다. 직관적으로 보면 하나인데 실제로는 세 개로 발현된다고 보는 것이지요. 이러한 측면을 연구하는 분야가 바로 음운론(Phonology)입니다. 영어를 대상으로 하면 영어음운론이 되겠지요.

그럼, 음운론적 관점에서 이 부정접두어를 어떻게 설명할까요? 하나이면서 세 개인 형태소! 이율배반적인 이 상황을 타개하는 방법이 있습니다. 바로 두 개의 각기 다른 층위, 기저형(underlying form)과 표면형(surface form)을 상정하는 것입니다. 기저형으로는 하나인 부정접두어가 표면형에서는 환경에 따라 세 개로 구현된다고 보고, 이 두 층위를 연결해주는 것이 바로 자음동화(consonant assimilation) 규칙이라고 하면 모든 것이 잘 설명됩니다.

9-3

기저형 /in/+/possible/ /in/+/tolerable/ /in/+/complete/

↓ ← 자음동화 규칙

표면형 i[mp]ossible i[nt]olerable i[ŋk]omplete

기저형은 언어를 사용하는 인간의 머릿속에 존재하는 실체라고 하면 쉽게 이해될 겁니다. 표면형은 실제로 발화할 때 구현되는 것이고요. 기저형은 "/ /"로, 표면형은 "[ ]"로 나타냅니다. 기저형을 어떤 것으로 상정하는가 하는 것도 중요한 연구 주제가 될 수 있습니다. 여기서 더 자세히 논의하지는 않겠지만, 음운론 연구에서는 음의 추상적인 측면을 다룬다는 점을 이해하는 것이 매우 중요합니다. 소리의 물리적·구체적 측면을 연구하는 음성학과 달리, 음운론에서는 소리의 체계와 추상적인 측면에 초점을 맞추기 때문입니다.

이러한 음운론 연구는, 앞서 살펴보았듯이 음성학과도 긴밀하게 연관되어 있습니다. 예를 들어, (9-3)에서 적용된 자음동화 규칙은 영어 화자의 머릿속에 내재한 추상적인 개념으로, 음운론 연구의 산물입니다. 그러나 이런 추상적 개념이 상정된 이유를 생각해보면 매우 구체적인 음성학적 이유가 있습니다. 바로 이웃하는 음들을 동일한 위치에서 발음되게 함으로써 조음을 편하게 하기 위해서입니다. 이처럼 음성학과 음운론은 긴밀하게 연관되어 있습니다.

여기서 잠시 철자와 발음의 관계를 살펴볼까요? 특히 영어에서는 철자와 발음 간의 차이가 큽니다. 다음 예에서 밑줄 그은 철자가 어떻게 발음되는지 한번 살펴봅시다.[22]

9-4 a. sea, see, scene, receive, thief, amoeba, machine, Aesop
b. king, card, clique, nick, chasm

9-5 a. sign, resign, pleasure
b. father, all, about, apple, age

9-6 a. lock, that, shop, apple, book
b. exit, use
c. know, though, island

(9-4)는 서로 다른 철자들이 동일한 소리로 발음되는 것을 보여줍니다. 반면 (9-5)에서처럼 동일한 철자가 서로 다르게 발음이 되기도 합니다. 때로는 (9-6a)처럼 두 개의 철자가 하나의 소리로 발음되기도 하고, (9-6b)처럼 하나의 철자가 두 개의 소리로 발음되기도 합니다.

(9-6c)처럼 아예 발음이 되지 않는 철자도 있습니다. 이러한 점에서 본다면 영어의 철자와 발음은 일대일로 상응한다고 볼 수 없습니다.[23]

음성학과 음운론은 음을 연구 대상으로 하기 때문에 발음을 일관되게 표현하는 것이 매우 중요합니다. 개별 음을 일관되고 정확하게 표기하도록 고안된 것이 국제음성기호(International Phonetic Alphabet, IPA)입니다. 이 기호는 음성학자들이 모여서 국제적으로 통용되는 기호를 정한 결과입니다. 음성학과 음운론에서는 이러한 기호를 사용하고 있으며, 따라서 발음이 동일하면 철자에 상관없이 동일한 기호로 표시합니다. 국제음성기호는 [ ] 안에 넣어서 나타내는 것이 관례입니다. 예를 들어, (9-4a)와 (9-4b)에서 밑줄 친 부분의 동일한 발음은 국제음성기호 [iː]와 [k]로 각각 다음과 같이 표현합니다.

9-7 a. [iː] sea, see, scene, receive, thief, amoeba, machine, Aesop

b. [k] king, card, clique, nick, chasm

음에 대한 기본적인 이해는 이 정도면 되지 않을까 싶습니다. 혹시 영어에서 사용되는 소리를 조음음성학적 측면에서 좀 더 배우고 싶은 분들은 심화 학습을 살펴보면 좋겠습니다. 더 자세한 것에 대해 흥미가 없다면 심화 학습을 건너뛰어도 전혀 문제가 없습니다.

| 심화 학습 |

의식적으로 공기의 흐름을 변화시켜서 의사소통을 할 수 있게 소리를 만드는 것을 조음(articulation)이라고 합니다. 조음을 할 때 성대(vocal folds, vocal cords)의 울림 여부, 그리고 조음 위치와 조음 방법에 따라 음을 분별할 수 있습니다.

성대의 울림이 있을 때의 소리를 유성음(voiced sound)이라고 하고, 울림이 없을 때의 소리를 무성음(voiceless sound)이라고 합니다. 예를 들면 다음과 같습니다.

9-8

유성음: [b], [d], [g], [v], [z]
무성음: [p], [t], [k], [f], [s]

조음 위치에 따라 소리를 구별할 경우 순음(labial), 치경음(alveolar), 구개음(palatal), 연구개음(velar) 등으로 분류할 수 있습니다.

9-9 순음: [p], [b], [f], [v]
치경음: [t], [d], [s], [z]
구개음: [ʃ], [ʒ], [ʧ], [ʤ]
연구개음: [k], [g]

이때 조음 위치는 입술과 치경, 경구개, 연구개(연막) 등이 됩니다.

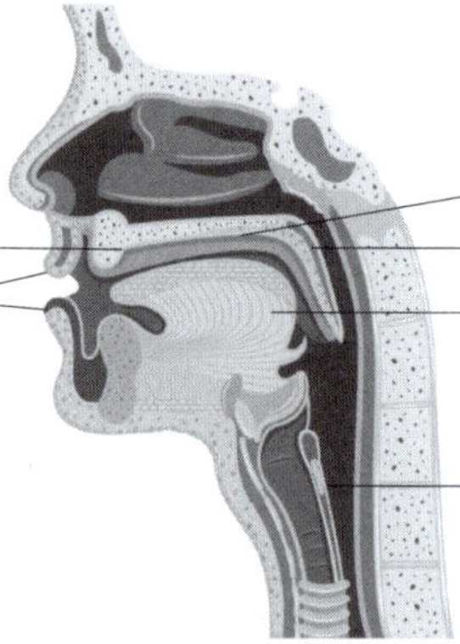

인간의 조음기관

조음 방법에 따라서는 크게는 자음과 모음으로 나눌 수 있습니다. 자음은 공기의 흐름에 저항이 많이 있을 때 만들어집니다. 반면 모음은 조음 공간이 매우 넓어서 저항이 별로 없을 때 만들어집니다. 자음으로는 폐쇄음(stop), 마찰음(fricative), 파찰음(affricates), 비음(nasal), 유음(liquid), 전이음(glides) 등이 있습니다.[24]

9-10 자음

폐쇄음: [p], [b], [t], [d], [k], [g]
마찰음: [f], [v], [θ], [ð], [s], [z], [ʃ], [ʒ]
파찰음: [ʧ], [ʤ]
비음: [m], [n], [ŋ]
유음: [l], [r]
전이음: [w], [j]

모음으로는 혀의 높낮이에 따라 고모음, 중모음, 저모음 등이 있습니다.[25]

9-11 모음

고모음: [i], [u]
중모음: [e], [o]
저모음: [a]

이 정도만 살펴봐도 복잡한 느낌이 들지요. 용어는 생소하고 어려워도, 말을 할 때 공기가 어디에서 어떻게 흐름이 바뀌는지를 이해하면 그것으로 충분하지 않을까요?

앞에서 살펴본 부정접두어가 결합된 단어들(*impossible, intolerable, incomplete*)을 기억하지요? 부정접두어가 어떤 음으로 끝났습니까? [m]과 [n] 그리고 [ŋ]입니다. 그러면 위의 음 분류 기준에 따르면 이 모든 소리는 똑같이 성대가 울리는 소리, 즉 유성음이지요. 그리고 조음 위치에 따르면 각각 순음과 치경음 그리고 연구개음입니다. 또한 이 소리들은 모두 비음입니다. 코를 통해 공기가 나올 때 만들어지는 소리이지요.

그럼 어간의 첫 소리인 [p], [t] 그리고 [k]는 어떤 음인가요? 이 소리들 모두 자음 중에서도 성대의 울림이 없는 소리, 즉 무성음에 속합니다. 또한 이 소리들은 조음 방법상 공기가 완전히 막혔다가 다시 흐르면서 만들어지는 소리로 폐쇄음이라고 합니다.[26] 조음 위치를 고려하면 [p], [t], [k]는 각각 순음, 치경음, 연구개음으로 [m], [n], [ŋ]과 각각 동일한 자질을 가집니다. 그래서 동화작용이라고 이름을 붙였지요. 조음음성학이 어떤 분야이고 무엇을 공부하는지 이 정도로 이해할 수 있겠지요?

10

영어 소리의 체계와 특징

앞서 소리를 연구하는 분야를 음성학이라고 하고, 소리의 체계를 연구하는 분야를 음운론이라고 부른다고 했습니다. 여전히 이해가 잘 안 된다고요? 어떤 특정한 소리를 발음할 때마다 그 소리는 동일할까요, 아니면 다를까요? 음성학적으로 보면 매번 발음할 때마다 동일한 소리를 내기는 어렵습니다. 그러나 음운론적으로 본다면, 변별성을 가지지 않을 때는 동일한 소리라고 간주합니다.

앞에서 예로 든 폐쇄음, 마찰음, 파찰음 각각은 물리적 발현에 있어서는 사람에 따라 다르고, 또 동일인이라 하더라도 상황에 따라 다릅니다. 그럼에도 불구하고 영어 원어민들은 동일한 음으로 인식합니다. 무성 치경 폐쇄음을 예로 들어볼까요?

10-1 a. [tʰɑp] top

b. [stɑp] stop

c. [pɛɾɪ] petty

d. [wʌʔə] water[27]

*top*에서는 기식음 [tʰ]로, *stop*에서는 약한 [t]로, *petty*에서는 탄설음 [ɾ]로, 그리고 *water*에서는 후두음 [ʔ]로 발음됩니다. 이렇게 무성 치경 폐쇄음이 물리적으로 각각 다르게 발현되어도 영어 원어민은 촛불을 끌 때 사용되는 기식성(aspiration)과 같은 비변별적인 요소들을 다 추상화시켜서 하나의 이상적인 치경음으로 인식합니다. 이 추상적이고 이상적인 치경음을 /t/로 표현하고, 이것을 음소(phoneme)라고 칭합니다. 동일한 음소로 표현될 수 있는 관련된 소리들은 이음(allophone)이라고 합니다.

이음들 간에 잘못 선택해서 실언을 해도 의미상의 차이는 없습니다. 예컨대 *stop*을 [stʰɑp]이라고 발음해도 약간 어색하게 들릴 뿐 의미상의 차이는 없습니다. 그러나 음소의 차이는 의미 차이를 가져옵니다. *top*에서 첫 음소 /t/ 대신에 /p/를 발음하면 [pʰɑp]으로 의미를 달리하게 됩니다. 이것이 음소의 차이입니다. 그래서 음소는 변별성(distinctiveness), 대립성(opposition), 그리고 추상성(abstractness)을 속성으로 가집니다. 개별 언어에 따라 어떠한 소리가 음소인지 아닌지가 다릅니다. 소리의 체계가 다른 것이지요. 이처럼 소리의 체계에 대해 연구하는 분야가 바로 음운론입니다.

다른 예를 한번 볼까요?

10-2	a.	atomic	Korea
	b.	atom	atomic

영어에서 *atomic*과 *Korea*의 첫 모음은 음성학적으로 보면 동일한 소리, 약모음 [ə]입니다. 그러나 영어 원어민 누구도 이 단어들의 첫 모음이 동일한 음소라고 말하지 않습니다. 이상적 소리 유형(sound type)이 다르다고 말할 겁니다. 서로 다른 음소가 표면형에서 동일한 소리로 구현되었을 뿐입니다.

반면 *atom*과 *atomic*에서의 첫 모음은 동일한 음소라고 영어 원어민은 직관적으로 인식합니다. 머릿속에 존재하기에는 동일하지만, 모음이 강세를 가질 때는 그 고유의 자질이 유지되는 반면, 강세를 갖지 않은 경우에는 약모음 [ə]로 발음될 뿐입니다. 이렇게 영어 원어민의 직관적 지식을 탐구하는 것도 영어음운론이 하는 일입니다.

지금까지 우리는 소리가 각각 구별된다는 전제하에서 음을 살펴보았습니다. 이러한 측면을 강조해서 각각의 소리를 분절음이라고 합니다. 분절음들은 다른 분절음들과 결합해서 음운론적으로 기능을 합니다. 음절(syllable)과 음보(foot)가 좋은 예입니다. 이런 것을 초분절음이라고 합니다. 초분절음과 그것의 구조에 관해서는 심화 학습에서 다루겠습니다. 초분절음에 관해 관심이 없으면 다음 장으로 바로 넘어가도 좋습니다.

| 심화 학습 | |

윌리엄 버틀러 예이츠(William Butler Yeats, 1865~1939)의 시 "A Drinking Song"을 음미해 봅시다.

10-3

Wine comes in at the mouth
And love comes in at the eye;
That's all we shall know for truth
Before we grow old and die.
I lift the glass to my mouth,
I look at you, and sigh.

이 시의 2행과 4행 그리고 6행의 마지막 단어인 *eye*, *die*, *sigh*를 크게 발음해 보시겠어요? 발음이 어떤가요? 이 단어들이 모두 [aɪ]로 운(韻, rhyme)을 맞추고 있지요. 단지 시에서만 이러한 운을 발견할 수 있는 것은 아닙니다.

다음 영어 격언도 살펴봅시다.

10-4

Burn not your house to fright the mouse away.

쥐를 겁줘서 쫓아내기 위해 귀한 집을 태우지 마라.

어떻습니까? *house*와 *mouse*가 [aʊ]로 운이 맞지요? 운을 맞추면 리듬감도 살아나고 기억하기도 편합니다. 그럼, 운은 무엇일까요? 하나의 음절 안에서 모음과 그 모음을 뒤따르는 자음이 하나의 운을 형성합니다. 모음을 핵음(nucleus)이라고 하고, 핵음 뒤의 자음은 각음(coda)이라고 합니다. 핵음 앞에 오는 자음은 두음(onset)이라고 하지요.

두음의 반복도 재미있습니다. 다음 영어 격언을 살펴볼까요?

10-5

a. Teaching of others teaches teachers.
   선생은 가르치면서 배운다.

b. Liberty is not license.
   자유는 방종이 아니다.

c. Meat is much; Manners is more.
   음식도 중요하지만, 매너는 더욱 중요하다.

(10-5a)에서 중요한 부분인 *teaching, teaches*, *teachers*, (10-5b)의 *liberty*와 *license*, (10-5c)의 *meat, much, manners*, *more*에서 동일한 두음이 반복되고 있습니다. 이처럼 두음이 반복되는 것을 두운법(alliteration)이라고 합니다. 두음도 독립적인 역할을 한다는 것을 알 수 있습니다.

음절은 이처럼 핵음과 각음이 운을 구성해서 독립적 단위로 역할을 하고, 두음은 운과 독립적으로 역할을 하면서도 운과 하나로 묶여지는 형태로 구조화되어 있습니다.

10-6

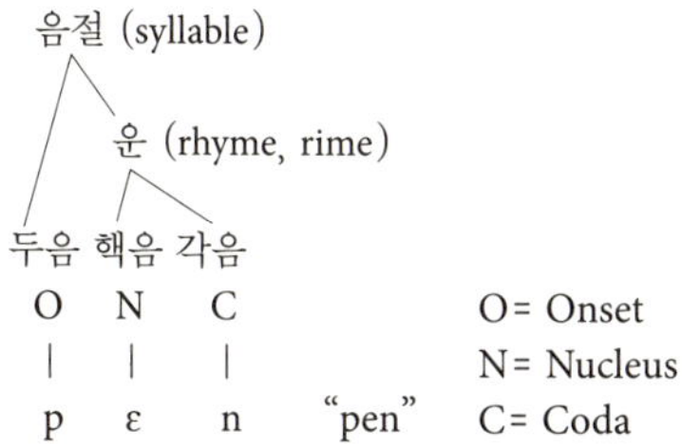

음절은 강세를 설명할 때도 중요하게 사용됩니다. 영어에서 강세는 매우 중요한 역할을 합니다. 리듬감을 주는 역할도 하지만, 문법적 변별성을 나타내기도 합니다. 강세의 위치에 따라 (10-7a)처럼 품사가 달라지기도 하고, (10-7b)처럼 단어의 의미 차이가 발생하기도 합니다.

10-7

a. récord (명사) recórd (동사)

b. belów "아래에"

  bíllow "부풀어오르다"

한국어에서와는 달리 영어에서는 음절들이 모여 음보를

형성합니다. 음보는 보통 두 개의 경음절(light syllable)로 구성되고 강세를 표현하는 기본 단위가 됩니다.

10-8 (Mìssi)(ssíppi)

두 개의 경음절뿐 아니라 하나의 중음절(heavy syllable)이 독립된 하나의 음보를 형성하기도 합니다. 여기서는 더 깊이 들어가지는 않겠습니다. 좀 더 자세하게 공부하려면 Hayes(1995)를 참조하기 바랍니다. 이처럼 음절은 여러모로 중요한 음운론적 개념입니다.

| 심화 학습 II |

음소에 대해서 조금 더 설명할 것이 있습니다. 물리적으로 또 조음음성학적으로 동일한 소리가 언어에 따라 그 취급이 다를 수 있습니다.

앞서 살펴보았듯이 영어에서 기식음 [tʰ]는 음소가 아닙니다. 의미의 차이를 가져오지 않기 때문입니다. [tʰ]와 [t]처럼 의미 차이가 없고 동일한 음소로 표현할 수 있는 소리들을 이음이라고 합니다. [tʰ]로 발음해야 하는데 [t]로 잘못 발음해도 의미에는 차이가 없습니다.

10-9

A	B
[tʰ]op	[t]op
s[t]op	s[tʰ]op

A의 발음이 표준적 영어 발음이지만, B처럼 발음해도 뜻에는 아무런 차이가 없습니다.

그러나 한국어에서는 다릅니다. 다음 예에서 확인할 수 있는 것처럼, [tʰ]이냐 [t]이냐에 따라 의미 차이가 발생합니다. 즉 한국어에서는[tʰ]와 [t]는 한 음소의 이음이 아니라, 각각이 음소입니다.

10-10 탑(塔) [tʰ]op 답(沓) [t]op

음성학적으로는 동일한 소리가 언어에 따라 음소인지 아니면 이음인지 다르다는 것을 확인할 수 있습니다. 이처럼 음소 여부는 언어의 음 체계 내에서 규정됩니다.

음소 간의 변별성을 객관적이고 체계적으로 나타내기 위해 사용되는 것이 변별자질(distinctive feature)입니다. 변별자질 이론은 프라그 학파에 의해서 제안되었습니다. 이 학파의 중심인물은 로만 야콥슨(Roman Jakobson, 1896~1982)과 니콜라이 트루베츠코이(Nikoai Trubetzkoi, 1890~1938), 그리고 모리스 할레(Morris Halle, 1923~2018)입니다.

어떤 음이 다른 음과 구별된다는 것은 그 두 음이 동일하지 않다는 것을 뜻합니다. 이 비동일성을 체계적으로 포착할 수 있는 방법은 무엇일까요? 변별자질 이론에서는 대립(opposition)이라는 개념을 도입하여 이를 설명합니다. 어떤 음이 다른 음과 동일하지 않다는 것은, 어떤 특정한 측면에서 두 음이 대립을 이루고 있기 때문이라고 주장합니다. 그리고 이 대립을 변별적 자질을 통해 표현합니다. 이렇게 음의 비동일성을 변별자질의 차이에 따른 대립으로 설명하게 되면 모호함이 사라지게 됩니다.

다음 소리들을 살펴봅시다. [p]와 [b]는 서로 다른 소리입니다. [p]와 [g]도 상이한 소리입니다. 이 소리들은 어떤 점에서 서로 다르고, 또 그 상이함에는 아무런 차이가 없을까요?

10-11 a. [p]와 [b]
b. [p]와 [g]

변별자질을 이용해서 살펴보면, (10-11a)와 (10-11b)에서의 소리 차이를 분명하게 알 수 있습니다.

10-12

a. [p]와 [b]	[-voiced]	대	[+voiced]
b. [p]와 [g]	[-voiced]	대	[+voiced]
	[+labial]	대	[+velar]

(10-12)에 제시하였듯이 [p]와 [b]의 대립은 유성음이냐 무성음이냐에 의한 것인 반면, [p]와 [g]의 대립은 유성음/무성음 차이에 더해서 조음 위치가 어디냐 하는 것에서도 연유합니다. 이것을 변별자질로 표현하면 (10-12a)는 [voiced]에서 그 차이가 발생합니다. (10-12b)에서는 유성

음/무성음을 나타내는 자질 [voiced]와 함께 조음 위치를 나타내는 변별자질에서도 차이를 보입니다. [p]와 [g]는 각각 조음 위치상 순음과 연구개음으로서, 이를 변별자질로 나타내면 [+labial]와 [+velar]와 같이 구별할 수 있습니다.

변별자질 이론은 이렇게 소리의 대립을 명료하게 드러내 보여줍니다. 이러한 변별자질 이론의 방법은 의미론과 통사론 등 언어학 내의 다른 분야에까지 원용됩니다. 예컨대 *boy*와 *girl*이라는 영어 단어의 의미를 생각해보면, 이들이 지니는 의미는 [gender]라는 자질에 대해서만 서로 대립되고, 활동성을 나타내는 [animate] 등 다른 모든 자질은 동일하다고 분석할 수 있겠지요. 이러한 의미자질과 관련해서는 뒤에서 더 자세하게 다루도록 하겠습니다. 다음 장에서는 소리와 소리의 결합에 대해서 살펴보겠습니다.

11

영어 소리의 결합

자음과 모음은 적절하게 결합하여 형태소를 이룹니다. 예컨대 단어 *unhappy*는 두 개의 형태소로 구성되는데(*un* + *happy*), 이 형태소들은 각각 [ʌ]와 [n], 그리고 [h], [æ], [p], [ɪ]로 이루어집니다. 자음이든 모음이든 소리 그 자체로는 아무런 의미(meaning)를 갖지 못합니다. 즉 [ʌ]와 [n], 그리고 [h], [æ], [p], [ɪ]는 특정한 의미를 가지지 못하지요. 그러나 이 소리들이 결합하면 의미를 갖게 됩니다. [ʌn]은 "부정성", 그리고 [hæpɪ]는 "만족스럽고 좋은 마음 상태"를 의미합니다.

이처럼 그 자체로는 의미를 갖지 못하는 개별 소리가 다른 소리와 결합했을 때 의미를 갖게 되는 것을 소리의 이원성(duality)이라고 합니다.

11-1 음 /ʌ/, /n/, /h/, /æ/, /p/, /ɪ/

\ / \ | / /

음의 결합 /ʌn/ /hæpɪ/

"부정성" "만족스럽고 좋은 마음 상태"

이 이원성은 인간의 언어가 다른 동물들의 소리와 차이를 보이는 중요한 특징 중 하나입니다. 음이 결합하여 형태소를 이루고, 이 형태소가 다시 다른 형태소와 결합해서 단어가 됩니다. 형태소에 초점을 맞추어 단어의 구조를 연구하는 분야를 형태론(Morpholgy)이라고 합니다. 영어에는 어떤 형태소들이 있으며, 이 형태소들이 어떻게 결합하여 적절한 단어가 되는지 연구하는 분야를 영어형태론(English Morphology)이라고 합니다.

소리의 연속체인 단어들은 적절한 구조로 연결되어 문장을 형성합니다. 결국 문장도 소리의 연속체라고 할 수 있겠지요. 앞에서도 잠시 언급했지만, 문장의 구조에 대해 연구하는 분야를 통사론(Syntax)이라고 하고, 영어를 대상으로 할 때는 영어통사론(English Syntax)이라고 합니다.

단어와 문장은 특정한 의미를 표현하는데, 이를 연구하는 분야를 의미론(Semantics)이라고 하고, 영어에 국한시킬 때 영어의미론(English Semantics)이라고 부릅니다. 그런데 문장의 의미는 사용되는 맥락에 따라 달리 해석되기도 합니다. 동일한 단어가 사용된 문장이라도 어떤 화자가 어떤 청자에게 어떤 상황에서 발화하는지에 따라 다양한 의미를 지닐 수 있습니다. 이처럼 맥락에 따라 문장의 의미가 다르게 해석되는 것을 연구하는 분야를 화용론(Pragmatics)라고 합니다.

그런데 우리는 한 문장만으로 의사소통을 할 수도 있겠지만, 보통 문장을 주고받으면서 대화를 하게 됩니다. 당연히 몇 개의 문장이 하나의 대화 맥락 안에 있게 됩니다. 이러한 것도 언어 연구의 대상이 됩니다. 이것을 담화분석(Discourse Analysis)이라고 합니다.

이렇게 형태론, 통사론, 의미론, 화용론, 담화분석 등 우리가 앞으로 차근차근 살펴볼 언어학의 다른 세부 분야들도 결국은 소리의 연속체에 대한 연구를 바탕으로 이루어진 것이라고 할 수 있습니다.

12

영어 단어의 형성

영어 단어 수는 모두 합쳐 몇 개쯤 될까요? 이에 대한 답은 학자에 따라 다르지만, 대략 80만에서 100만 개 정도가 된다고 합니다. 새로운 기술이 등장하면 그와 관련되는 단어가 새로 만들어지기 때문에 영어 단어 수가 점점 늘어갈 것이라는 것은 쉽게 이해가 되겠지요. 영어 다음으로 많은 단어 수를 가진 언어는 러시아어인데, 단어 수가 총 16만에서 20만여 개라고 합니다. 이 두 언어의 단어 수를 비교하면 영어 단어 수가 엄청나게 많다는 것을 알 수 있습니다.

영어는 어떻게 해서 그렇게 단어 수가 많아졌을까요? 당연히 새로운 단어가 생성되어서 그러하겠지요. 기존에 없던 단어가 새로 만들어지는 이유는 다양합니다. 그전에 없던 것이 생겨서 그것을 지칭할 필요가 생길 수도 있고, 영향력이 큰 언어 사용자의 힘에 눌려 그럴 수도 있으며, 좀 더 세련되게 보일 필요가 있어서 생겨날 수도 있을 것입니다. 근대 이후에는 기술의 발전으로 새로운 용어가 필요한 경우도 있었을 것입니다. 새로운 단어 형성의 이유는 학문적으로 따질 수는 없겠지만, 그 형성에 관계되는 패턴이나 규칙은 분석할 수 있습니다.

단어의 형성과 구조를 연구하는 분야가 바로 형태론(Morphology)입니다. 영어의 단어 형성을 연구하는 분야는 영어형태론이 되겠지요. 단어 구조의 연구에 있어서 해당 단어의 역사적 근원이 어디인지를 밝히는 것을 어원 연구(Etymology)라고 합니다.[28] 어원 연구는 형태론의 중요한 연구방법론에 속합니다.

이제부터 영어 단어 형성에 관련된 여러 과정들을 살펴보면서 영어형태론 연구의 일면을 이해하도록 하겠습니다.

기존에 없던 새로운 단어가 생성되는 것을 신조어 형

성(neologism)이라고 합니다. 신조어 형성은 영어에만 있는 것이 아니라 모든 언어에서 다 발견됩니다. 그렇지만 영어에서 특별히 많이 일어났고, 앞으로도 그럴 것으로 예상할 수 있습니다. 이제부터 살펴보겠지만, 영어 신조어 형성 과정이 매우 다채롭고 역동적이기 때문입니다.

영어의 경우 새로운 단어가 다른 언어에서 많이 그리고 쉽게 들어왔습니다. 특정 언어가 다른 언어에서 새로운 단어를 유입하는 과정을 차용(borrowing)이라고 하고, 이렇게 유입된 단어를 차용어(loanword)라고 부릅니다.[29]

고대 영어 시기에 라틴어로부터 차용한 어휘들을 먼저 살펴보도록 하겠습니다. 다음 예는 영어사적 변천 과정 중에 여러 음운 변화를 거쳐 현대 영어에서 쓰이는 형태 그대로의 단어들입니다.[30]

12-1 altar, candle, offer, mass, priest,
port, tower, cap, radish, school

당연히 원래 영어 단어라고 생각했던 것들이 실은 먼

과거에 라틴어에서 차용되어 오늘날까지 사용되고 있다는 것이 꽤 재미있지요.

고대 영어 시기에는 바이킹족이 쓰던 북구어(스칸디나비아어) 단어들도 영어에 많이 유입되었습니다. 이때 차용된 단어들과 고유의 단어들이 공존해서 영어를 더욱 풍성하게 만들었음을 다음 예에서 확인할 수 있습니다. 이 단어들 역시 음운 변화를 거친 후의 형태입니다.

12-2

	고대 영어	북구어(스칸디나비아어)
a.	no	nay
b.	lend	loan
c.	bench	bank

북구어에서 차용된 단어는 *nay*과 *loan*처럼 기존의 영어 단어들과 거의 비슷한 뜻을 갖기도 하고, *bank*처럼 뜻이 달라지기도 하였습니다.

중세 영어는 노르만 정복 이후에 프랑스어의 영향을 많이 받았다고 앞에서 언급하였지요. 프랑스어 중에 노르만 지역에 거주하던 게르만족에 의해 중세 영어에 차용된 단어들은 궁중이나 관공서에서 쓰던 단어들이 많았습니다. 영국 섬을 정복한 지배자들이 쓰던 언어인 프랑스어를 상위 계층에서 많이 사용하였고, 하위 계층에서는 영국의 토착어인 영어를 많이 썼습니다.

다음 예는 중세 영어에서 발견되는 프랑스 차용어들입니다. 마찬가지로 영어의 긴 역사적 변천 과정에서 음운 변화를 거친 후의 모습입니다.[31]

12-3 court, duke, baron, county, crown, trial, village, peace, enemy, arms, battle, moat, gown, robe, emerald, sapphire, feast, taste, cream, sugar

초기 근대 영어에서는 고대 그리스어와 라틴어 단어들이 많이 차용되었습니다.

12-4 a. 고대 그리스어: tonic, catastrophe, anonymous, lexicon, skeleton
b. 라틴어: exterior, appendix, delirium, create, exterminate

18세기 이후 영국의 식민지 정책과 신대륙 개발 등은 영어가 전 세계에 널리 퍼지는 계기가 되었습니다. 동시에 새로운 문물이 영국에 소개되었고, 이와 함께 더욱 다양한 언어의 단어들이 영어에 차용되어 영어 어휘를 풍족하게 하였습니다.

다음 예에서 확인할 수 있는 것처럼, 미국 인디언어나 아프리카어, 호주 토착민어 그리고 중국어 등에서 많은 단어들이 영어로 유입되었습니다.[32]

12-5 a. 미국 인디언어: Michigan, Chicago, Manhattan moose, skunk, woodchuck
b. 아프리카어: yam, gumbo, banana
c. 호주 토착민어: kangaroo, koala, boomerang
d. 중국어: typhoon, kowtow

시기를 정확히 알 수는 없지만, 이 외의 언어에서도 많은 차용어가 영어에 유입되었습니다.[33]

12-6 a. 네덜란드어: dope
b. 이탈리아어: piano
c. 타히티어: tattoo
d. 일본어: tycoon
e. 터키어: yogurt
f. 페르시아어: lilac
g. 아라비아어: sofa
h. 반투어: zebra

영어는 다른 언어에서의 차용어가 많을 뿐만 아니라, 기존 단어들과의 결합이 아주 자유로워 새로운 단어를 형성하기 매우 쉽습니다. 이미 존재하는 단어들끼리 결합하는 현상을 복합어 형성(compounding)이라고 합니다. 영어에는 이러한 복합어들이 많이 있습니다. 다음 예들을 볼까요.[34]

12-7 명사

a. bookstore (book+store)
b. bookcase (book+case)
c. drugstore (drug+store)
d. textbook (text+book)
e. fingerprint (finger+print)
f. blackboard (black+board)
g. mailman (mail+man)
h. wastebasket (waste+basket)
i. wallpaper (wall+paper)
j. horsefly (horse+fly)
k. doorknob (door+knob)
l. aircraft (air+craft)
m. lifeguard (life+guard)
n. waterbed (water+bed)

복합어 형성 결과가 위에 예시한 것처럼 명사들만 있는 것이 아닙니다. 동사, 형용사, 전치사, 부사 모두가 동일한 방식으로 복합어 형성 과정에 따라 만들어질 수 있습니다.

12-8 동사

a. update (up+date)

b. downsize (down+size)

c. blackmail (black+mail)

d. overact (over+act)

e. outsource (out+source)

12-9 형용사

a. childlike (child+like)

b. easy-going (easy+going)

c. low-paid (low+paid)

12-10 전치사

a. into (in+to)

b. without (with+out)

c. within (with+in)

12-11 부사

a. somehow (some+how)

b. moreover (more+over)

이러한 복합어 형성은 다음과 같이 단어 수와 품사 종류에 상관없이 적용되기도 합니다.

12-12 a. mother-in-law (mother+in+law)
b. three-year-old (three+year+old)
c. well-off (well+off)

이와 같이 복합어 형성은 단어 형성 과정 중에서 매우 생산적인(productive) 방식 중 하나로, 그 결과 영어 단어의 수는 엄청나게 증가해 왔습니다.

단어 형성의 또 다른 방법으로 절단(clipping)이 있습니다. 2음절 이상으로 구성된 단어의 일부분을 잘라서 사용하는 것인데, 우리가 많이 쓰는 영어 단어들 중에 이렇게 형성된 단어들이 많습니다.

12-13 gym, ad, fan, cab, fax, condo, pub, bus, flu, lab, typo, pop, cab, gas, perm, pants, math

절단된 단어들이 아주 친숙하게 느껴지고, 오히려 절단되지 않은 형태가 더 생소하게 느껴집니다.

12-14	절단된 형태	절단되지 않은 형태
	gym	gymnasium
	ad	advertisement
	fan	fanatic
	cab	cabriolet
	fax	facsimile
	condo	condominium
	pub	public house
	bus	omnibus
	flu	influenza
	lab	laboratory
	typo	typographical error
	pop	popular music
	cab	cabrolet
	gas	gasoline
	perm	permanent wave
	pants	pantaloon
	math	mathematics

단어 형성 시 절단 과정이 매우 특이한 방식으로 발생하기도 합니다. 외국어에서 유입된 단어의 일부를 영어 형태소로 오인하여 절단하는데, 이를 특별히 역형성 과정(back formation)이라고 합니다. 예를 들어 라틴어에서 유입된 *editor*나 고대 프랑스어에서 유입된 *scavenger*의 *-er* 부분을 영어에서 "…하는 사람"을 나타내는 형태소 *-er*로 분석한 후에, 이로부터 동사 *edit*와 *scavenge*를 만들어

내는 것입니다. 즉 독립된 단어로 사용되지만 파생적으로 볼 때 그 이전 단계인 동사가 존재하지 않는 *television*, *usher*, *burglar*, *author*, *mixture*와 같은 명사들에서 그 일부분을 잘라내어 다음과 같이 새로운 동사를 만들어내는 것입니다.

12-15 to televise, to ush, to burgle, to auth, to mix

매우 독창적이고 재미있는 단어 형성이지요. 이제는 전혀 생소하지 않은 다음 동사들을 볼까요?

12-16 to babysit, to beg, to burgle, to peddle, to swindle

(12-16)의 동사들도 다음과 같은 명사들의 일부분을 잘라서 나온 새로운 단어들입니다. 먼저 존재했던 명사들과 사용빈도에서 크게 차이가 나지 않습니다.

12-17 babysitter, beggar, burglar, peddler, swindler

이러한 역형성 과정의 경우 해당 단어의 역사적 변천을 알기 전까지는 역형성 과정을 통해 만들어진 단어라는 사실을 알기 어려운 경우가 많습니다. 지금은 흔하게 쓰는 *edit*라는 단어만 보고서는 그 단어가 *editor*로부터 역형성되었다는 사실을 알 수가 없겠지요. 이처럼 단어 형성 과정은 영어의 역사와도 긴밀히 관련되어 있습니다.

하나의 단어가 본래의 어휘 범주(lexical category)가 아닌 다른 범주로 사용되는 것도 단어 형성 과정에 속합니다. 이를 전환(conversion) 또는 빈파생(zero derivation)이라고 합니다.[35] 먼저 다음과 같이 명사가 동사로 전환되어 사용되기도 합니다.

12-18 명사 → 동사 전환

a. Most wines are bottled in a year.
b. The engineers bridged the river.
c. I'm vacationing in Paris now.
d. It's always good to network with them.
e. Could you please water the plant?
f. Who will referee the game?
g. Someone has to chair the meeting.
h. I will have to glue it together.

또한 (12-19)처럼 기존의 동사가 명사로 전환되어 사용되기도 하고, (12-20)처럼 형용사가 동사로 전환되기도 합니다.

12-19 동사→명사 전환

a. Please give me a <u>call</u> when you arrive.
b. There is a garbage <u>dump</u> over there.
c. My <u>guess</u> is that he did it on purpose.
d. I have a very short <u>commute</u>.
e. He's a <u>cheat</u>.
f. We had some <u>doubts</u>.
g. I need a <u>handout</u>.
h. We have two new <u>hires</u>.

12-20 형용사→동사 전환

a. Who <u>dirtied</u> the water?
b. We have to <u>empty</u> the building.
c. She <u>fainted</u> all of sudden.
d. The restaurant <u>opens</u> at 11am.
e. It <u>totals</u> 1,000 square feet.

이 밖에도 (12-21)처럼 하나의 단어가 다양한 어휘 범주로 전환되기도 합니다.

12-21 전치사 → 동사, 명사, 형용사

a. He downed the wine.
b. She has a down on the teacher.
c. A down train is coming.

이처럼 영어에서는 어휘 범주의 전환을 통해 많은 단어들이 형성되고 있습니다.[36]

이 밖에도 사람 이름을 나타내던 고유명사가 일반명사처럼 사용되는 경우도 있습니다. 예를 들어 영어의 *sandwich*라는 단어의 어원을 조사해보면, Sandwich라는 이름을 가진 백작으로부터 유래한 것을 알 수 있습니다. 우리가 아는 다음과 같은 명사들도 사실은 특정인의 이름에서 유래했다는 것이 재미있지요.

12-22 algorithm, bloomers, gerrymander, leotard

9세기 수학자의 이름에서 유래한 *algorithm*, 19세기 미국의 사회개혁가 이름에서 유래한 *bloomers*, 19세기 매사

추세츠주 주지사 이름에서 유래한 *gerrymander*, 20세기 초반 프랑스의 공중 곡예사 이름에서 유래한 *leotard* 등도 모두 역사를 거슬러 올라가면 특정인의 이름을 지칭하던 고유명사였던 것을 알 수 있습니다.

특정 상품명을 나타내던 단어들의 의미가 확장되어 비슷한 종류의 상품을 지칭하는 데 사용되기도 합니다. 다음 단어들의 경우 애초에 특정한 회사에서 출시된 제품만을 지칭하는 고유명사였지만, 현재는 어떤 회사에서 제조되든 비슷한 류의 제품을 지칭하는 일반명사 역할을 하고 있습니다.

12-23 Kleenex, Vaseline

한국어에서 엄마들이 조미료를 지칭하면서 "미원"이라고 하고 주방세제를 지칭하며 "퐁퐁"이라고 말하는 것과 비슷하지요. 더 나아가 이러한 고유명사가 동사로 사용되기도 합니다. 예를 들어 *google*은 "검색하다"의 의미로, *xerox*는 "복사하다"의 의미로 사용되는 것이지요.

12-24 a. You can google it right now.
b. Could you please xerox it?

여러 유형의 단어 형성 과정이 있어서 영어 단어의 수가 크게 늘어났습니다. 그중에 마지막으로 하나만 더 소개할까 합니다. 바로 두음문자(acronym)가 단어로 사용되는 것입니다. *zip*(zone improvement plan), *laser*(light amplification by stimulated emission of radiation) 등이 좋은 예입니다. 영어는 지금도 새로운 단어를 허용하고 있습니다. *subscriber identity module*의 두음문자인 *sim*이 좋은 예입니다.

앞에서 새로운 단어를 만드는 방법 중에 가장 흔한 것 중의 하나가 복합어 형성이라고 했습니다. 그런데 새로운 단어를 형성하기 위해 단어와 단어를 결합할 뿐만 아니라, 형태소와 형태소를 결합하는 것도 영어의 단어 수를 획기적으로 증가시킵니다. 이러한 단어 형성 과정을 파생(derivation)이라고 하며, 파생의 결과에 의해 생긴 단어를 파생어라고 부릅니다.

파생어는 다른 형태소에 의존하는 형태소와 자유로운 형태소가 결합된 결과인데, 다음 예에서 쉽게 확인할 수 있습니다.

12-25 insane, unnatural, misfortune, prefix, discourage
helpful, greenish, idealism, greatness, voiceless

in-처럼 홀로 단어로 존재할 수 없는 형태소를 의존형태소(bound morpheme)라고 하고, *sane*처럼 독립적 단어로도 쓰일 수 있는 형태소를 자유형태소(free morpheme)라고 합니다. 의존형태소 중에 *in*-처럼 다른 단어 앞에 붙는 것을 접두사(prefix)라고 하고, -*ful*처럼 뒤에 결합되는 것을 접미사(suffix)라고 합니다. 영어에는 90여 개의 접두사와 110개의 접미사가 있다고 합니다(Yule, 2020: 65).[37]

파생어 형성에 있어서, 어떤 경우에는 고대 그리스어와 라틴어에 기원한 형태소와 영어 형태소가 결합하기도 합니다. 고대 그리스어에서 기원한 *mono*와 라틴어에서 온 *uni*가 동일한 형태소 *cycle*과 결합할 수 있습니다.[38] 이렇게 되면 두 개의 단어가 공존하게 되는 것이지요.

12-26 a. mono+cycle
b. uni+cycle

심지어 고대 그리스어 어원의 형태소와 라틴어에 근원을 둔 형태소가 결합해서 새로운 영어 단어가 되기도 합니다.

12-27 hyperthermophile

고대 그리스어 어원 형태소 *hyper*는 "초과 또는 위"를 뜻하는 고유 영어 *above*에 해당하고, 라틴어 *thermo*는 "열"을 뜻하는 고유 영어 *heat*에 해당되며, 고대 그리스어 *phile*은 "좋아하는 사람"이라는 뜻인 *lover, fanatic*에 해당합니다. 영어에서 형태소의 결합이 이처럼 자유롭습니다.

다음 단어들은 무슨 뜻인지 추측해 볼까요?

12-28 monologue, unison, philosophy, chronic, diachronic, fragment

형태소 *mono*와 *uni*, *phil*은 앞에서 살펴본 단어들을 통해 그 뜻을 짐작할 수 있을 것입니다. 형태소 *-ic*와 *-ment*는 형용사와 명사로 파생시키는 접미사입니다. 형태소 *logue, son, chron, dia-, frag*는 모두 라틴어 어원으로서 각각 "speech", "sound", "time", "through", "piece"를 뜻합니다. 단어 구조의 분석이 중요하다는 것을 이해할 수 있을 것입니다. 완전히 낯설고 새로워 보이는 단어도 어떤 형태소로 구성되어 있는지를 알면 그 뜻을 이해할 수 있게 됩니다.

지금까지 영어의 단어 수가 엄청나게 많은 이유는 영어에서의 단어 형성 과정이 다양하고 역동적인 데서 온다는 것을 살펴보았습니다. 또한 단어가 새로이 형성될 때 형태소가 기본적인 단위이고, 이것의 역할과 기능이 중요하다는 것도 확인하였습니다. 영어에서의 생산성과 역동성이 새로운 단어 형성에서만 적용되는 것이 아니라, 새로운 문장의 형성에도 적용됩니다. 다음 장에서는 영어 문장의 구조에 관한 언어 연구가 어떠한 것인지에 대해 살펴보도록 하겠습니다.

| 심화 학습 |

앞에서 소개했던 영어 격언을 다시 읽어봅시다. 이 문장에 나오는 형태소는 어떤 것들이 있을까요?

12-29 Teaching of others teaches teachers.

눈에 우선 띄는 것은 *teach*, *of*, *other* 등과 *-ing*, *-s*, *-es*, *-er* 등입니다. 앞의 세 형태소는 독립적으로 사용될 수 있는 것이고, 뒤의 넷은 앞선 형태소와 함께 오는 것입니다. 앞의 것을 자유형태소, 뒤의 것은 의존형태소라고 합니다.

자유형태소도 두 종류로 구별할 수 있습니다. *teach*처럼 독립적으로 사용되면서 그 수가 제한되지 않는 종류를 열린 부류(open class)라고 합니다. 동사나 명사, 형용사, 부사 등은 그 수가 제한적이지 않고 계속 증가할 수 있는 가능성이 있기 때문에 열린 부류의 형태소입니다. 반면 전치사나 대명사 그리고 접속사 등은 그 수가 제한적이고 증가할 가능성이 없기 때문에 닫힌 부류(closed class)의 형태소입니다. 열린 부류의 형태소는 어휘형태소(lexical morpheme), 닫힌 부류의 형태소는 기능형태소(functional morpheme)라고 부르기도 합니다.

의존형태소도 두 종류로 구별할 수 있습니다. -*er*처럼 자유형태소와 결합해서 새로운 품사의 단어를 파생시키는 것을 파생형태소(derivational morpheme)라고 합니다. 독립적으로 동사의 역할을 하는 자유형태소 *teach*에 -*er*이나 -*ing*를 결합하면 새로운 단어가 파생되는 것이지요. 이때 자유형태소를 어간(stem)이라고 하고, 어간 뒤에 붙은 의존형태소를 접미사(suffix)라고 합니다. 어간 앞에 붙는 의존형태소는 접두사(prefix)라고 합니다. 한편 *teaches*나 *others*의 -*es*나 -*s*처럼 어간에 붙어서 동사의 시제나 명사의 복수형 등 문법적 기능만을 표현하는 의존형태소를 굴절형태소(inflectional morpheme)라고 합니다.

앞에서 이미 살펴본 바와 같이, 동일한 형태소라도 결합하는 형태소의 음운 환경에 따라 발음이 달라질 수 있습니다. "부정성"을 의미하면서 어간 앞에 붙는 접두사 *in*-이 *impossible*, *intolerable*, *incomplete*에서 각각 [ɪm], [ɪn], [ɪŋ]으로 구현됩니다. 이렇게 하나의 형태소가 음운 환경에 따라 달리 구현되는 것을 이형태(allomorph)라고 합니다.

*others*와 *teachers*처럼 복수형 어미로 역할을 하는 -s가 음운 환경에 따라 다음과 같이 [z], [s], [ɪz]로 구현될 때도 이형태를 확인할 수 있습니다.

12-30	others	[z]	(단수: other)
	buses	[ɪz]	(단수: bus)
	cups	[s]	(단수: cup)

형태소를 자세히 살펴보면 다양한 종류가 있다는 것을 알 수 있고, 또한 형태소라는 개념도 마치 음운론에서 음소가 추상적인 존재인 것처럼 추상적이라는 것을 알 수 있습니다. 하나의 동일한 음소가 각기 다르게 구현될 때 이음이라고 말했듯이, 하나의 동일한 형태소가 음운 환경에 따라 각각 다르게 발현될 때 그 관련된 형태들을 이형태라고 부른다는 것도 알 수 있습니다.

13
영어 문장의 구조

형태소의 결합에 의해 단어가 형성된다는 것을 이해하였습니다. 이렇게 형성된 단어들은 다른 단어들과 함께 구(phrase)를 형성하게 됩니다. 이때 아무런 제약 없이 단어들이 결합하지는 않습니다. 언어마다 단어 결합에 있어 적합한 방식이 있습니다. 형용사와 명사가 결합해서 명사구를 만드는 경우를 생각해 봅시다. 예외적인 경우를 제외하고는 영어에서는 (13-1a)처럼 형용사가 명사보다 앞에 오는 반면, 프랑스어에서는 (13-1b)처럼 명사가 형용사를 선행합니다.

13-1 a. an amusing story (영어)
b. une histoire amusante (프랑스어)

단어들 간의 나열 순서가 달라지면 해당 언어에서는 비적형 표현으로 간주됩니다. 언어학에서 비적형 표현은 다음과 같이 별표(*)로 표시합니다.

13-2 a. *a story amusing
b. *une amusante histoire

이처럼 구를 형성할 때 동일한 단어를 어떤 순서로 결합시키느냐에 따라 적형(well-formed)도 되고 비적형(ill-formed)도 되기 때문에, 단어의 결합 순서도 각 언어의 문법에 포함됩니다.

구가 결합되어 형성된 문장에서도 나열 순서는 매우 중요하고, 그것이 문법의 일부로 간주됩니다. 다음 예문에서 명사구 *an amusing story*가 동사 뒤에 온 경우인 (13-3a)는 문법적인(grammatical) 문장이지만, 동일한 구가 동사보다 앞에 온 (13-3b)는 비문법적(ungrammatical) 문장입니다. 이처럼 문장 구조의 문법성(grammaticality)이 단어나 구의 나열 순서에 의해 좌우됩니다.

13-3 a. I like an amusing story.
b. *I an amusing story like.

이와 같이 구나 문장 내의 구조가 어떠한지 분석하고 포착하는 것은 언어 연구에서 매우 중요합니다. 한 언어가 용인하는 문법적인 구조를 제대로 이해하는 것이기 때문입니다. 단어의 종류를 규정하고 단어 간의 나열 구조를 살펴보는 등 문장 구조를 분석하기 위한 관심은 오래전부터 있었습니다.

라틴어를 주로 연구한 전통문법(Traditional Grammar)에서는 단어를 범주에 따라 여덟 개로 나누었습니다. 소위 8품사입니다. 물론 이 구별은 고대 그리스어 문법에 그 기원을 두고 있긴 합니다. 여덟 개의 품사로는 우리가 너무나 익숙하게 사용하는 명사, 관사, 형용사, 동사, 부사, 전치사, 대명사 및 접속사가 있습니다. 그리고 전통문법에서 사용하는 개념으로는 "수(number)", "인칭(person)", "태(voice)", "성(gender)", "일치(agreement)" 등이 있습니다. 다음 문장을 통해 이 용어들이 지칭하는 바를 쉽게 이해할 수 있을 것입니다.

13-4 a. John loves his pretty cat.
b. His pretty cat is loved by John.

(13-4a)에서 *John*은 3인칭 단수입니다. 그리고 *John*과 *loves*는 일치를 보여줍니다. 대명사 *his*는 *John*이 남성임을 나타내줍니다. 영어에서 성(gender)은 자연적 성을 반영하고 있습니다. 또한 이 문장은 능동태(active voice)이고, 그것의 수동태(passive voice)는 (13-4b)입니다.

우리는 이미 문장 구조를 분석하는 이러한 기본적 개념에 매우 익숙합니다. 이러한 개념뿐 아니라 명사구나 전치사구 등의 개념도 잘 이해하고 있고, 주어(subject)와 목적어(object) 같은 용어도 잘 알고 있습니다. 이들은 기술문법(Descriptive Grammar)에서 주로 사용하는 용어들입니다.[39] 예를 들어 *John loves his pretty cat from France*에서 *John*은 명사구이고, *from France*는 전치사구입니다. 기능적 역할에 초점을 맞추면 *John*은 주어이고, *his pretty cat from France*는 목적어입니다.

여러분은 이러한 문법 용어들에 이미 익숙하겠지만, 통사론(Syntax)이라는 용어는 생소하게 느껴질 것입니다. 이것은 고대 그리스어에서 기원하는 용어로, "나열(arrangement)"이나 "같이 두기(putting together)"의 뜻을 가집니다(Yule, 2020: 112). 어원에서 나타나듯이, 통사론이란 문장을 이루는 구성 성분들의 결합 방식, 즉 문장의 구조를 연구하는 학문 분야입니다.

통사론에 대한 본격적인 연구는 그렇게 오래되지는 않았습니다. 언어 연구의 초점을 개별 언어의 문법성을 찾는 것뿐만 아니라, 인간 언어가 지닌 보편성과 일반성을 포착하는 것으로 인식하기 시작한 촘스키부터 통사론에 대한 본격적인 연구가 이루어졌다고 볼 수 있습니다.

촘스키 이전 시대, 미국의 구조주의 언어학에서는 음운론과 형태론 연구가 많은 관심을 받았습니다. 레너드 블룸필드(Leonard Bloomflield, 1887~1949)로 대표되는 구조주의 언어학자들은, 예를 들어 하나의 개별 언어에서 어떠한 음이 음소(phoneme)이고 어떠한 음이 이음(allophone)인지, 어떠한 것이 형태소(morpheme)이고 무엇이 이형태(allomorph)인지, 그리고 어떠한 것이 기저형이고 어떠한 것이 표면형인지에 대해 주로 관심을 가졌습니다. 음소나 형태소가 되기 위해 어떠한 속성을 가져야 하는지 등이 그들의 주요 연구 관심사였습니다.

이런 가운데 미국 구조주의 언어학의 마지막 세대에 속하는 젤리그 해리스(Zellig Harris, 1909~1992) 같은 학자들은 단어가 결합해서 문장을 이루었을 때 그 문장의 구조와 체계에 대한 이해, 즉 통사론에 관심을 가지게 됩니다.[40] 해리스의 주장 일부를 살펴보겠습니다.[41]

13-5

The	attitudes	that	people	in	power	express	are
T	N	WH	N	P	N	tVn	tVb

for	public	effect.
P	A	N

해리스는 문장을 수학 기호 같은 용어를 사용하여 분석하였습니다. (13-5)에서 T는 관사를 나타내고, N은 명사, WH는 관계사, P는 전치사, tVn은 타동사, tVb는 *be* 동사, A는 형용사를 말합니다. 이 문장에서 정관사 *the*와 전치사구 *in power*, 그리고 명사를 꾸며주는 형용사 *public*

은 핵심적 요소에 해당되지 않습니다. 이것들을 배제하면 다음과 같은 구조가 남습니다.

13-6 Attitudes that people express are for effect.
N WH N tVn tVb P N

이 문장 구조 역시 더 핵심적인 것과 부가적인 것으로 구분할 수 있습니다. 이 문장 구조에서 관계사 *that*과 관계사절 내의 주어와 동사인 *people*과 *express*는 구조상 핵심적인 것은 아닙니다. 따라서 이들을 배제하면 다음과 같은 문장의 핵심 요소만 남게 됩니다.

13-7 Attitudes are for effect.
N tVb P N

해리스는 이런 식으로 무엇이 문장 구조에서 가장 중요하고 핵심적인 구성 성분인지 분석하고 추상화하는 연구를 하였고,[42] 이 연구를 1947년 『기술언어학(*Descriptive Linguistics*)』이라는 책으로 묶어서 발표했습니다(Trask & Mayblin, 2005: 37). 단어의 품사를 기호로 표현하고 이들 간의 결합에서 핵심적인 요소를 파악하고자 했던 해리스의 시도는 촘스키를 비롯한 후학들에게 크게 영향을 끼쳤습니다. 물론 세부적인 사항은 많이 바뀌었지만, 기본적인 개념은 그대로 유지되었습니다.

해리스의 통사론 연구와 방법론을 더 심화·발전시킨 학자는 바로 그의 제자였던 촘스키였습니다. 촘스키의 석사학위 논문은 음운론에 관한 것이었지만, 박사학위 논문과 그 이후의 연구 대부분은 통사론에 관한 것이었습니다.[43] 이렇게 본다면 해리스의 여러 언어학적 공헌 중에 가장 두드러진 것은 바로 구조주의 언어학과 촘스키의 생성문법(Generative Grammar) 사이의 교량 역할을 한 것이라고 볼 수 있습니다. 생성문법은 문장 구조에 대해 기술하는 것에 그치지 않고, 문법적으로 적형인 모든 문장들을 제한된 수의 통사 규칙을 통해 "생성"해낼 수 있다는 점을 논증하는 것을 주 목표로 삼고 있습니다.

생성문법에서는 문장이 단순히 단어들의 수평적인 배열이 아니라, 단어들이 결합하여 먼저 구를 구성하고, 이러한 구들이 문장을 형성한다고 봅니다. 예를 들어 다음 문장의 구조를 생각해봅시다.

13-8 The boy put a book on the table.

이 문장은 모두 8개의 단어로 구성되어 있고, 이들 각각은 특정한 어휘 범주(lexical category)에 속합니다. *boy, book, table*은 모두 명사(Noun, N)에 속하며, *put*은 동사(Verb, V), *on*은 전치사(Preposition, P), 그리고 *the*와 *a*는 한정사(Determiner, D)에 해당됩니다. 이를 어휘 규칙(lexical rules)으로 나타내면 다음과 같습니다.

13-9 a. N → { *boy, book, table, cat, dog,* ··· }
b. V → { *put, chases,* ··· }
c. P → { *on, by,* ··· }
d. D → { *a, the,* ··· }

이제 이 단어들이 어떻게 결합하여 (13-8)의 문장을 생성하게 되었는지를 알아봅시다. 명사를 중심으로 생각해보면, *boy*는 *the*와 먼저 결합하여 명사구(Noun Phrase, NP)를 형성합니다. *book* 역시 *a*와 결합하여 명사구를 만들고, *table*도 *the*와 결합하여 명사구를 만듭니다. 이를 일반화하면 (13-10)과 같이 한정사(D) 다음에 명사(N)가 나와서 명사구(NP)를 형성한다는 규칙을 만들 수 있습니다.[44]

13-10 NP → D N

다음으로, 전치사 *on*이 명사구 *the table*과 결합하여 전치사구(Preposition Phrase, PP)를 형성하는 것을 알 수 있습니다. 이를 다음과 같이 규칙화할 수 있습니다.

13-11 PP → P NP

이제 동사 *put*은 명사구인 *a book*과 전치사구인 *on the table*과 결합하여 동사구(Verb Phrase, VP)를 형성하게 되고, 이를 형식화하면 다음과 같습니다.[45]

13-12 VP → V NP PP

최종적으로, 이 문장은 주어 역할을 하는 명사구 *the boy*와 술어 역할을 하는 동사구 *put a book on the table*이 결합하여 만들어집니다.[46] 이를 다음과 같이 규칙화할 수 있습니다.

13-13　S → NP VP

거꾸로 생각해보면, 문장은 기본적으로 주어와 술어로 구성되어 있고, 이 주어와 술어가 바로 구로 이루어져 있다는 것이지요. 이처럼 문장이 구와 같은 하위 구성 성분으로 이루어진다는 것을 나타내는 이론적 기제를 구 구조 규칙(Phrase Structure Rule)이라고 합니다.

그럼 이제 (13-9)의 어휘 규칙과 (13-10)~(13-13)에 제시한 구 구조 규칙에 따라 (13-8)의 구조를 분석해볼까요? 이를 수형도(tree diagram)를 통해 나타내면 (13-14)와 같습니다. 수형도는 문장을 이루는 요소들이 수평적 관계가 아니라 위계적 구조를 이루고 있음을 효과적으로 보여주는 장치입니다.

13-14

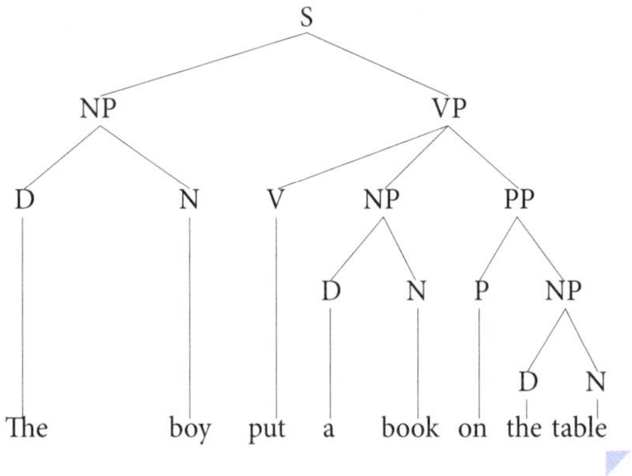

더 나아가 촘스키는 문장 구조에는 두 개의 층위가 있다고 주장합니다. 소리의 구조를 분석하는 음운론의 이론적 틀을 이미 살펴보았기 때문에 이제는 중층 구조라는 개념이 익숙하지요. 촘스키에 의하면, 문장 구조는 심층 구조(Deep Structure)와 표면 구조(Surface Structure)로 되어 있습니다. 구 구조 규칙과 어휘 규칙을 통해 형성된 심층 구조가 변형 규칙(transformational rules)에 의해 표면 구조로 변환된다고 본 것입니다. 촘스키는 인간은 생득적 언어능력으로 인해 무한한 수의 문장을 생성할 수 있다고 보았는데, 이 언어능력 안에는 이러한 변형 규칙도 포함되어 있다고 주장하였습니다.

13-15

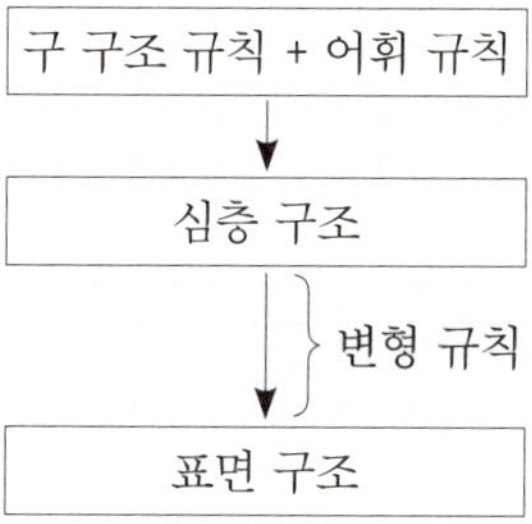

심층 구조에 제한된 수의 변형 규칙이 개입해서 표면 구조를 생성해내는 과정을 구체적인 예를 통해 살펴볼까요? 다음 두 문장은 동일한 의미를 지니지만, (13-16a)는 능동문, (13-16b)는 수동문으로 서로 다른 표면 구조를 가지고 있습니다.

13-16 a. The dog chases the cat.
b. The cat is chased by the dog.

이러한 표면 구조의 차이에도 불구하고, 영어 원어민은 이 두 문장이 서로 관련되어 있다고 직관적으로 판단할 것입니다. 이 직관적 지식을 생성문법에서는 어떻게 설명할까요?

앞에서 도입한 어휘 규칙과 구 구조 규칙을 통해 (13-16a)의 능동문의 구조를 분석하면 다음과 같은 수형도를 그릴 수 있습니다.

13-17

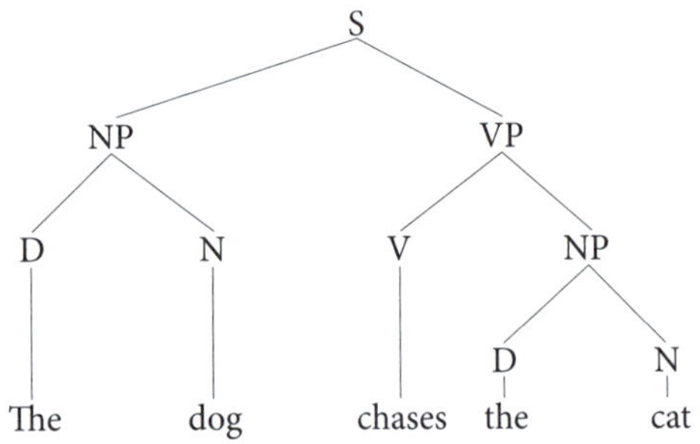

(13-17)의 수형도에서 나타나듯이, 이 능동문은 주어 역할을 하는 명사구와 술어 역할을 하는 동사구로 구성되어 있으며, 동사구는 동사와 함께 목적어 역할을 하는 명사구로 구성되어 있습니다.

그렇다면 (13-16b)에 나타난 수동문은 (13-16a)의 능동문과 어떤 관계가 있을까요? 영어 원어민들이 직관적으로 느끼는 두 문장의 연관성은 어떻게 표상할 수 있을까요? 이때 필요한 것이 바로 수동태 형성 규칙(Passive Rule)입니다.

이 규칙은 어렵게 생각할 필요 없이 여러분이 중·고등학교 영문법 시간에 수동태를 다룰 때 배웠던 바로 그 내용입니다. 먼저 능동문의 목적어 자리에 오는 명사구 *the cat*을 주어 자리로 이동시키고, 주어 자리에 오는 명사구는 전치사 *by*와 함께 문장 맨 끝으로 이동시킵니다. 그리고 마지막으로 *chases*와 같은 동사는 *chased*처럼 과거분사형으로 만들어 *be* 동사와 형태적으로 결합시키는 것입니다.

이 규칙은 심층 구조에 있는 구성 성분을 이동시키는 규칙, 즉 이동 규칙(Movement Rule)의 한 예입니다.[47] 이러한 수동태 형성 규칙이 적용되면 결과적으로 표면 구조에서 수동문이 생성되는 것입니다. 수동문 (13-16b)의 구조를 수형도를 통해 나타내면 다음과 같습니다.[48]

13-18

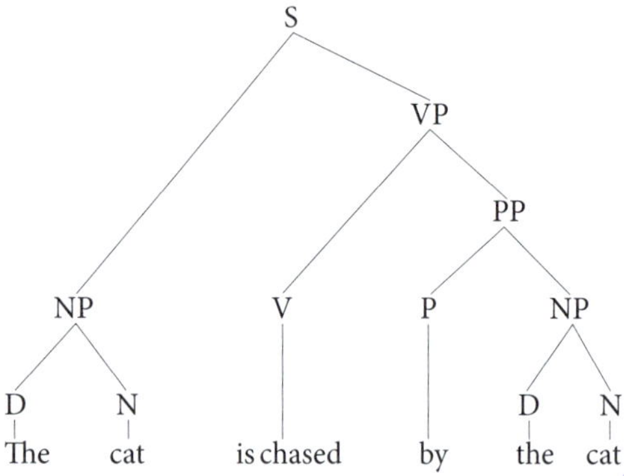

이처럼 능동문과 수동문의 표면 구조상의 차이에도 불구하고 두 문장이 서로 관련이 있다는 영어 원어민의 직관은, 심층 구조와 표면 구조라는 중층 구조의 상정과 이를 연결하는 변형 규칙으로 설명할 수 있습니다. 이런 측면에서 촘스키의 생성문법을 변형문법(Transformational Grammar)이라고 부르기도 합니다. 변형문법의 핵심적 아이디어는, 이미 음운론 분야에서 살펴본, 기저형에서 하나였던 부정접두어가 동화 규칙에 의해서 표면형에서는 복수의 다른 음으로 구현되는 것과 동일합니다. 이처럼 음운론적 도출 과정과 통사적 도출 과정이 하나의 동일한 문법적 기제라고 볼 수 있기 때문에 촘스키의 음운이론과 통사이론을 통칭해서 생성문법이라고 합니다.

촘스키가 1957년에 제안한 이 생성문법 이론은 그 이후에 구체적 모습들이 많이 변하였습니다. 예를 들어 지배결속 이론(Government & Binding Theory)이나 최소주의 문법(Minimalist Program) 등의 이름으로 불리면서 이론의 구체적 내용들이 폐기되기도 하고 새로 제안되기도 하였습니다. 그렇지만 촘스키가 그의 박사논문에서 제시한 인간의 내재적 언어능력에 대한 천착과 그것의 형식화, 그리고 유한한 이론적 기제를 통한 문장 생성의 무한성 포착이 언어 연구의 중심에 있어야 한다는 그의 핵심적 통찰은 그대로 유지되고 있습니다.

이 장에서는 영어통사론에 대한 소개를 촘스키의 초기 이론을 통해 시도해 보았습니다. 그 밖의 이론을 통해서도 통사론을 소개하는 것이 가능하다는 점을 분명히 밝혀둡니다.[49] 어찌 되었든, 우리는 이제 영어의 문장 구조를 구의 구조로 형식화하여 파악할 수 있음을 확실하게 이해하게 되었습니다. 다음 장에서는 단어와 문장이 지니는 의미에 대해서 살펴보겠습니다. 심화 학습 I과 II는 건너뛰어도 다음 장을 이해하는 데 지장이 없으니, 관심 여부에 따라 부담 없이 선택하기 바랍니다.

| 심화 학습 I |

우리는 어려서부터 문법이라는 용어를 많이 써왔습니다. 문법이란 무엇일까요? 이 질문에는 여러 가지 답이 있을 수 있습니다. 일상에서도 그러하지만, 언어학 분야에서도 문법이라는 용어는 매우 다양한 의미로 사용됩니다.

우선, 영어 문장의 구조를 분석하면서 명사·동사·형용사·부사·전치사·접속사 등 품사(parts of speech)를 사용하고, 한 문장 안에서 술어 역할을 하는 동사와 주어 역할을 하는 명사가 수(number)와 인칭(person)이 일치하며, 명사와 그 명사에 대응하는 대명사의 성(gender)이 동일해야 한다는 것을 강조하는 전통문법(Traditional Grammar)이 있습니다. 전통문법은 라틴어의 문법기술 용어를 차용합니다. 물론 라틴어 문법은 고대 그리스어 문법에서 사용되던 용어를 받아들인 것입니다.

다음으로, 어떤 것은 옳은 문장이고 어떤 것은 옳지 않은 문장이라고 규정하는 것도 문법이라고 주장하기도 합니다. 이것을 규범문법(Prescriptive Grammar)이라고 합니다. 예컨대, 규범문법에서는 *to* 부정사(*to* infinitive)가 분리되는 것을 비문법적이라고 말합니다. 예를 하나 더 들어보겠습니다. 규범문법에 따르면 특정 종류의 동사, 예컨대 *move*, *suggest*, *insist* 등은 그것의 목적어 위치에 오는 종속절에 조동사 없이 동사 원형(bare infinitive)이 와야 한다고 규정합니다.

하지만 라틴어 문법을 준거로 하는 규범문법은 라틴어가 아닌 언어에서 그대로 적용되기가 어렵고, 언어의 현실을 제대로 기술하지 못하는 문제점이 있습니다. 이 문제점을 극복하기 위해 개별 언어의 실체를 제대로 기술하는 문법이 필요합니다. 이것이 바로 기술문법(Descriptive Grammar)입니다.

앞에서 언급한 *to* 부정사를 분리해서는 안 된다는 규범문법은 다음과 같은 영어 문장들을 비문으로 판단합니다. 하지만 이 문장들은 영어에서 비문이 아닙니다. 오히려 오해를 막아주고 뜻을 명료하게 만들어줍니다.[50]

13-19

a. No one claims to completely understand it.

b. He prepared to silently accompany her.

또한 *move* 같은 동사가 주절에 올 때, 종속절에는 동사 원형뿐만 아니라 (13-20b)와 같이 조동사 *should*가 올 수도 있습니다.

13-20 a. The congress moves that the property tax be raised.
b. The congress moves that the property tax should be raised.

이처럼 기술문법은 규범문법과는 달리 언어의 실상을 제대로 기술하는 데 초점을 맞추고 있습니다.

생성문법(Generative Grammar)에서는 언어에 대해 원어민이 갖고 있는 지식 자체를 문법이라고 규정하기도 합니다. 또한 생성문법에서는 언어를 설명할 때 사용되는 규칙과 그 규칙들을 적용하는 방법 등을 통칭해서 문법이라고 하기도 합니다.

또한 언어학에서 문법이라고 할 때 문장의 구조를 연구하는 통사론에만 한정시키지는 않습니다. 앞에서 잠시 언급했듯이 음운론적 지식이나 기제도 문법의 내용에 포함됩니다. 예를 들어 음소들이 어떤 식으로 연쇄를 이룰 수 있는지, 또는 음절 구조상 어떤 음들이 어느 위치에는 올 수 없는지, 즉 음소배열 제약(phonotactics)도 문법의 일부분이라고 할 수 있습니다. 음성학에서 어떤 모음을 어떻게 발음하는가에 대한 지식, 예를 들어 [æ], [a]와 같은 저모음을 발음할 때 혀의 위치 등과 관련된 지식도 문법의 일부입니다. 그리고 형태론에서, 예컨대 단어가 형성될 때 어떤 식으로 결합되는가 하는 것도 문법의 일부분으로 간주합니다. 형태소 *un*과 형태소 *tie*가 결합할 때 *un*+*tie*는 영어 단어로 적절하지만, 그 반대 순서인 *tie*+*un*은 적절한 영어 단어가 아니라고 판단하는 것도 문법의 내용이 됩니다. 시제를 나타낼 때, 과거형의 형태가 어떤 것은 옳은 것이고 어떤 것은 옳지 않다는 판단도 문법적 지식에 해당합니다. 의미론에서 의미 구조를 해석하는 방법도 문법적 지식에 속합니다.

이와 같이 언어학에서 문법이라는 용어를 사용할 때는 인간의 언어와 관련된 지식의 총체를 의미하기 때문에, 상황에 따라 매우 다양한 의미를 가지게 됩니다. 따라서 이 용어가 사용되는 맥락에 맞게 그 의미를 해석할 필요가 있습니다.

| 심화 학습 II |

언어학, 특히 이론언어학에서는 어떤 가설에 대해 간접적인 증거 자료를 이용하여 그 정당성을 주장합니다. 예를 들어 봅시다. 영어의 명령문에 주어가 있을까요? 있다면 무엇일까요? 이러한 언어학적 질문에 대해 "2인칭 대명사 *you*가 명령문의 주어이고, 그 주어가 생략된 것이다"라는 가설을 세워봅시다. 이 주장을 어떻게 정당화할까요? 다음과 같이 그 정당성을 설파할 것입니다.

우선, 명령문에 2인칭 대명사 *you*를 선택적으로 사용할 수 있다는 점을 꼽을 수 있습니다. *Do it*이라는 문장과 아울러 *You do it*도 가능합니다. 그리고 *Close the door*라는 말을 듣고 대답으로 *I have no time. Do it yourself*라고 응대할 수도 있습니다. 재귀대명사 *yourself*는 주어가 *you*일 때 가능하겠지요? 한 문장 안에서 주어와 동일한 참조인을 가리킬 때 재귀대명사를 쓰기 때문입니다. 예를 들어 *I wash myself*처럼 말입니다. 이런 측면을 고려하여 명령문의 주어 자리에 2인칭 대명사 *you*가 온다고 상정하면 *Close the door yourself*에 *myself, himself, herself* 또는 *itself*가 아닌 *yourself*가 오는 것을 자연스럽게 설명할 수 있습니다.

둘째, *Do it, will you?*라는 표현은 문법적으로 적합한 문장입니다. 왜 부가의문문(tag question)에 *will you*가 올 수 있을까요? 주어 자리에 *you*가 있다고 가정하면 쉽게 설명이 되겠지요. 마치 주어 자리에 3인칭 단수 여성형이 오면 부가의문문에 *she*가 오는 *She will go to the place next time, won't she?*와 같은 문장을 설명하는 것과 동일한 방식이니까요.

심층 구조에서는 명령문의 주어 자리에 *you*가 존재하지만, "명령문에서 주어 *you*를 생략하라"는 통사 규칙이 적용되는 경우에 표면 구조에서 *you*가 발현되지 않는다고 할 수 있습니다. 심층 구조에 규칙을 적용한 자연스러운 결과이지요. 이와 같이 언어학에서는 독립적으로 정당화(independent justification)되는 언어 자료를 간접 증거로 사용하여 특정 가설의 정당성을 논리적으로 주장합니다.[51]

14

영어 단어와 문장의 의미

영어에는 수많은 단어가 존재하고, 이들이 결합하여 문장을 형성합니다. 단어가 결합하여 구조적으로 정확한 문장을 생성해내는 것을 통사론에서 다루었습니다. 그렇다면 문장을 이루는 단어의 의미는 무엇이고, 이들이 결합되어 형성된 문장의 의미는 무엇일까요? 이들의 의미를 우리는 어떻게 분석할 수 있을까요? 언어학 분야 중에서 단어나 문장의 의미를 연구하는 분야가 바로 의미론(Semantics)입니다.

언어학자들은 1970년대 이전까지 의미론에 대해 별로 관심이 없었습니다. 미국의 구조주의 언어학자들은 의미론 연구에 거의 관심을 두지 않았기 때문입니다. 촘스키를 위시한 생성문법학자들도 1970년대 이전까지는 문장의 통사적 구조에 초점을 맞추면서 문장의 적형성(well-formedness) 판단과 적형문 생성 기제에 대한 연구에 관심을 두었지, 문장의 의미(meaning) 도출에는 큰 관심이 없었습니다. 그들이 관심을 가진 문장 중에는 다음과 같은 문장들이 있었습니다.

14-1 a. The milk drank the gentleman.
b. Colorless green ideas sleep furiously.

이 문장들은 통사 구조에서 전혀 문제가 없습니다. 예를 들어 (14-1a)는 주어 역할을 하는 명사구 *the milk*와 술어 역할을 하는 동사구 *drank the gentleman*을 포함한 적형의 문장입니다. 하지만 이 문장은 의미상으로 매우 이상하게 느껴집니다. 왜 이 문장이 이상하게 느껴질까요? 이러한 질문에 대해 연구하는 것이 바로 의미론입니다.

(14-1a)가 의미상으로 이상하게 느껴지는 것은, 동사 *drink*의 주어와 목적어 자리에 기대와는 다른 명사구가 왔기 때문입니다. 우리는 *drink*의 주어는 사람이고, 목적어는 음료수와 같은 사물이라고 기대하는데, 이 문장에서

는 오히려 주어 자리에 사물인 *milk*가 오고 목적어 자리에는 사람의 속성을 가진 *gentleman*이 왔습니다.

(14-1b)에서도 *sleep*의 주어로 사람이나 동물의 속성을 가지지 않은 추상명사 *ideas*가 왔기 때문에 의미적으로 이상하게 느껴집니다. 같은 방식으로 *colorless*와 *green*, 그리고 *sleep*과 *furiously*도 각 단어들이 지닌 의미를 생각해 보면 그 조합이 이상함을 알 수 있습니다. 이렇게 단어가 갖는 의미 속성이 문장 전체의 의미적 비정상성(semantic anomaly)에도 영향을 미칩니다.

그럼 단어의 의미적 속성은 어떻게 객관적으로 표현할 수 있을까요? 흥미롭게도 음운론 분야에서 소개한 변별 자질을 의미론에도 원용할 수 있습니다. 의미론에서는 의미자질(semantic feature)이라고 칭합니다. *gentleman*처럼 인간의 속성을 가지고 있는 명사는 [+human]으로 표현할 수 있고, *milk*나 *idea*처럼 그렇지 않은 명사는 [-human]으로 나타낼 수 있습니다.

14-2

의미자질	단어		
	gentleman	milk	idea
[human]	+	-	-

앞서 살펴본 (14-1)의 예문들의 의미적 비정상성을 이러한 의미자질을 이용해서 설명할 수 있습니다. (14-1a)에서 *drink*의 주어로는 [+human]인 명사가 와야 하는데 그렇지 않았고, 또한 목적어의 위치에는 [-human]의 명사가 와야 하는데 [+human]의 속성을 갖는 명사가 왔기 때문에, 이 문장은 의미상으로 이상한 문장으로 간주되는 것입니다. 마찬가지로 (14-1b)의 문장이 지니는 의미적 비정상성도 적절한 의미자질을 이용해서 설명할 수 있습니다.

[human] 외에도 [adult]와 [female] 등의 의미자질을 도입하여 사람을 지칭하는 *gentleman, lady, boy, girl* 등과 같은 단어들의 의미적 속성을 표현할 수 있습니다.

14-3

의미자질	단어			
	gentleman	lady	boy	girl
[human]	+	+	+	+
[adult]	+	+	-	-
[female]	-	+	-	+

동물들의 경우, 고양이와 고양이 이외의 동물을 비교할 때는 [feline]이 변별적 의미자질이 될 것이고, 개와 그 밖의 동물을 비교할 때는 [canine], 마찬가지로 말과 말이 아닌 동물들의 비교에서는 [equine]이 변별적 의미자질의 역할을 할 것입니다.

14-4

의미자질	단어		
	cat	dog	horse
[feline]	+	-	-
[canine]	-	+	-
[equine]	-	-	+

하지만 모든 명사를 다 의미자질만으로 구별할 수는 없습니다. 의미자질을 찾기가 어려운 명사들도 많이 있기 때문입니다. 예를 들어 *peace, gloom, consideration* 등을

의미자질로 구별하기는 매우 어렵습니다. 이는 의미자질을 기반으로 한 의미 분석의 큰 문제점 중 하나로 지적되어 왔습니다.[52]

단어의 의미적 속성을 파악하는 다른 방식 중 하나는 명사(구)의 의미를 한 문장 안에서의 의미역(thematic role)에 따라 구별하는 것입니다. 문장이 의미하는 바를 기본적으로 사건(eventuality)이라고 보고, 사건에서 어떤 역할을 하는지에 따라서 명사(구)의 의미를 행위자(agent), 대상(theme), 경험자(experiencer), 도구(instrucment), 위치(location) 등 여러 개의 의미역으로 나타내는 방식입니다.

14-5 a. The girl kicked the ball.
The girl: 행위자, the ball: 대상

b. The girl caught the ball with a glove.
a glove: 도구

c. The gentleman feels happy.
The gentleman: 경험자

d. John met the girl in the library.
the library: 위치

(14-5a)에서 *the girl*은 공을 차는 사건에서 행위자이며,

*the ball*은 동일한 사건에서 대상의 역할을 합니다. (14-5b)에서 *a glove*는 소녀가 공을 잡는 사건에서 도구의 역할을 하며, (14-5c)에서 *the gentleman*은 행복함을 느끼는 인지적 사건에서 경험자의 역할을 합니다. 마지막으로 (14-5d)에서 *the library*는 *John*이 그 소녀를 만난 사건에서 위치를 나타냅니다. 이와 같이 명사구의 의미를 문장이 나타내는 사건에서의 역할, 즉 의미역에 따라 분석할 수도 있습니다.

다음으로, 단어들 간의 상호관련성을 포착함으로써 단어가 지닌 의미적 속성을 파악할 수도 있습니다. 다음과 같이 주어진 단어쌍들은 각각 어떤 의미적 관련성이 있을까요?

14-6 a. big, large
b. broad, wide
c. buy, purchase

(14-6)의 각 단어쌍들은 그 의미 속성에 있어 서로 유사한 특성을 지닙니다. 이 속성으로 단어들의 관계를 말

할 수 있는데, 이때의 관계를 동의관계(synonymy)라고 합니다. 그리고 이 관계를 갖는 단어들을 동의어(synonym)라고 부릅니다.

그럼, 다음 단어들은 어떤 관계를 보일까요?

14-7 a. big, small
b. broad, narrow
c. buy, sell

이 단어들은 의미 속성이 서로 반대입니다. 이런 관계를 반의관계(antonymy)라고 하고, 그 단어들을 반의어(antonym)라고 부릅니다.

단어들 사이에는 동의관계와 반의관계가 아닌 포함관계도 가능합니다.

14-8 a. animal, cat
b. insect, bee
c. flower, sunflower

(14-8)의 각 쌍에서 선행하는 단어는 후행하는 단어를 포함합니다. 이러한 관계를 포함관계(hyponymy)라고 하고, 해당되는 단어들을 각각 상위어(hypernym)와 하위어(hyponym)라고 부릅니다.

그 밖에 발음과 연관되는 단어들 간의 의미관계도 있습니다. 다음에 제시한 각 단어쌍들은 서로 발음이 동일하지만, 그 의미가 다릅니다. 이들을 동음이의어(homonym)라고 합니다. 동음이의어는 (14-9d)처럼 철자까지 동일할 수도 있고, (14-9a, b, c)처럼 철자는 다를 수도 있습니다.

14-9
a. bare "벌거벗은", bear "곰" [bɛəɹ]
b. meat "고기", meet "만나다" [mi:t]
c. sew "바느질하다", so "그렇게" [sɔ:]
d. sole "혼자의", sole "가자미", sole "발바닥" [soʊl]

이러한 동음이의어들은 우연히 발음이 같을 뿐, 완전히 서로 다른 어휘들로 간주됩니다. 따라서 철자까지 다른 (14-9a, b, c)의 단어들은 당연하겠지만, 철자가 같은

(14-9d)의 단어들도 사전에는 서로 다른 표제어(lexical entry)로 등록됩니다. (14-9d)의 경우 sole[1], sole[2], sole[3]이 되겠지요.

이와 같은 동음이의어는 하나의 단어가 다양한 의미로 쓰이는 다의어(polysemy)와 구별됩니다. 예를 들어 다음에 나오는 *head*라는 단어가 지닌 의미를 생각해봅시다.

14-10 a. John shook his head in wonder.
b. Tom officially started his term as head of the department yesterday.
c. Let's head back home.

*head*는 (14-10a)처럼 신체의 일부분인 "머리"를 의미하기도 하고, (14-10b)처럼 조직의 "수장"을 의미하기도 합니다. 그리고 (14-10c)처럼 동사로 사용되어 "(특정 방향으로) 향하다"는 의미를 지니기도 합니다. 주목할 점은 이 세 의미가 서로 개념적으로 유사한 측면이 있다는 것입니다. 이처럼 다의어가 지니는 여러 의미는 보통 개념적으로 관련성이 높은 경우가 많고, 이 점에서 동음이의어

들과는 구별이 됩니다. 예를 들어 (14-9d)의 *sole*이 지닌 각각의 의미, “혼자의”, “가자미”, “발바닥”은 개념적인 관련성이 전혀 없기 때문에, 이를 *sole*이라는 하나의 단어가 다의어로서 이 모든 의미를 가진다고 보기에는 한계가 있습니다. *sole*과 같은 동음이의어는 그 다양한 의미가 사전에 서로 다른 표제어로 등재되지만, *head*와 같은 다의어가 지닌 다양한 의미는 사전에 하나의 표제어 아래 나열됩니다.[53]

단어의 의미뿐만 아니라 문장 전체의 의미를 분석하는 것도 의미론의 연구 대상입니다. 우선 다음 문장을 한번 살펴봅시다.

14-11 The boy kicked the door.

이 문장의 의미는 매우 명확하고 단순합니다. “그 소년이 그 문을 발로 찼습니다”가 바로 이 문장이 의미하는 바입니다. 이 의미는 문장을 구성하는 단어들의 의미가 결합되어 쉽게 도출될 수 있습니다. 앞서 논의한 의미자질을 이용해서 설명해보면 *boy*는 [+human]과 [+animate]의 의미자질을 가지고 있습니다. 그렇기 때문에 동사 *kick*이 지칭하는 행위를 할 수 있습니다. 의미역으로 분석하면 *boy*는 행위자의 역할을 합니다. 반면 명사 *door*는 행위자인 *boy*가 발로 차는 행위를 할 때의 대상이 됩니다. 이렇게 의미자질이나 의미역을 이용해서 문장이 지니는 기본적인 의미를 파악할 수 있습니다.

이처럼 의미론에서는 문장을 구성하는 단어들의 의미가 어떻게 문장의 의미 형성에 기여하는지, 그 도출 과정에 초점을 맞춥니다.[54] 즉 문장의 의미를 문장에 나타난 단어들 간의 의미 결합이라고 보고, 이들 간의 의미 결합 방식을 계산해내는 데 집중하는 분야가 바로 의미론입니다.[55]

그러나 우리가 문장을 발화하면서 전달하고자 하는 의미는 단순히 문장에 나타난 단어들의 의미만 합해서 계산된다고 보기에는 한계가 있습니다. 우리가 언어를 통해 전달하는 의미가 실상 너무나도 풍부하기 때문입니다. 일차적으로 의미론의 방식대로 문장의 의미를 계산해낸다면, 이는 이차적으로 맥락적 요소(contextual factors)에 따라 다양한 의미를 가질 수 있습니다. 이처럼 맥락(context)이 발화의 의미에 끼치는 영향을 연구하는 분야가 바로 화용론(Pragmatics)입니다. 이에 대해서는 다음 장에서 다루겠습니다.

| 심화 학습 |

앞에서 동의어나 반의어처럼 한 단어의 의미가 다른 단어의 의미와 관련되는 여러 경우를 살펴보았습니다. 이 외에도 의미상으로 연관된 단어가 함께 사용되는 경우가 있습니다. 예를 들어 *hammer and nail*, *table and chair*, *needle and thread*, *salt and pepper*처럼 한 단어의 의미를 생각하면 다른 단어가 자연스럽게 연상되고 이 두 단어가 하나의 구나 문장 안에 함께 사용되는 경우가 있는데, 이를 연어(collocation)라고 합니다.

연어는 의미의 연관성에 바탕을 두긴 하지만, 이것에 대한 연구는 주로 코퍼스 언어학(Corpus Linguistics)에서 이루어집니다. 대규모 언어 자료를 코퍼스라고 하는데, 이러한 코퍼스는 컴퓨터에 데이터베이스로 저장되어 있습니다. 코퍼스 언어학에서는 이 데이터베이스를 활용해 다양한 언어 현상을 연구합니다. 가장 많이 연구된 주제 중 하나가 바로 연어입니다. 특정 단어 주변에 어떤 단어들이 사용되었는지 맥락적 정보를 제공하는 용례색인(concordance)을 통해 어떤 단어들이 연어를 구성하는지 쉽게 찾아볼 수 있기 때문입니다. 또한 이러한 연어들이 얼마나 빈번하게 사용되는지, 그 사용빈도(frequency)도 대규모 언어 자료를 통해 확인할 수 있습니다.[56]

15

맥락적 의미의 이해

언어는 기본적으로 의사소통을 목적으로 사용됩니다. 따라서 화자의 의도를 이해하는 것이 매우 중요합니다. "왜 이 사람이 이런 말을 할까?" "저 사람이 왜 저런 말을 하지?" 이러한 질문은 매우 중요합니다. 그래서 단어들의 의미가 결합되어 도출된 문장의 의미와는 별개로, 문장을 발화함으로써 화자가 전달하고자 했던 의미에 대한 연구가 필요한 것입니다.

이러한 필요성을 만족시키는 분야가 바로 화용론(Pragmatics)입니다. 화용론도 의미론과 마찬가지로 철학자들이 먼저 관심을 가졌습니다. 사실 영어 표현인 *Pragmatics*라는 용어도 미국의 실용주의 철학자 찰스 샌더스 퍼스(Charles Sanders Peirce, 1839~1914)가 만들었습니다. 퍼스가 시작하고 찰스 모리스(Charles Morris, 1901~1979) 등이 이 분야를 발전시켰습니다.

화용론에서 가장 중요한 개념 중 하나는 바로 맥락(context)입니다. 앞서 의미론에서 살펴보았던 문장의 의미를 다시 한번 생각해봅시다.

15-1 The boy kicked the door.

(15-1)의 문장은 "그 소년이 그 문을 발로 찼다"라는 의미이지만, 이 문장의 앞뒤 맥락을 생각해보면 보다 풍부한 의미를 지닐 수 있습니다. 예를 들어 위 문장이 발화되기 전에, 이 소년이 친구와 심하게 싸웠다는 내용의 문장들이 이미 발화되었다고 생각해봅시다. 이런 경우 위 문장은 단순히 소년이 문을 발로 차는 행위를 묘사하는 것이 아니라, 소년이 아주 많이 화가 났다는 의미까지도 전달하게 됩니다. 더 나아가 화자는 이 문장을 발화함으로써, 소년의 감정 상태가 이러하니 청자는 이를 알고 소년을 자극하는 행위는 하지 않는 게 좋겠다는 조언의 의미까지도 전달할 수 있습니다. 이처럼 하나의 문장은 어

떤 언어적 맥락(linguistic context)에서 발화되는지에 따라 다양한 의미를 지닐 수 있습니다.

다음 예문도 언어적 맥락의 중요성을 잘 보여주고 있습니다. 하나의 문장이 선행하는 문장, 즉 언어적 맥락에 따라 어떻게 다르게 해석될 수 있는지를 보여주는 예문입니다.[57]

15-2 John: How are you going to pay for the ticket?
Jane: I have a credit card.

15-3 Mike: I can lend you money for the ticket
Mary: I have a credit card.

(15-2)의 대화에서 Jane의 발화가 지니는 의미는 "나는 신용카드를 가지고 있다"는 단순한 소유의 의미가 아니라, John의 앞선 질문에 대한 대답으로서 "본인이 신용카드로 계산하겠다"는 의미입니다. 반면 (15-3)의 대화에서 Mary의 발화는 "나에게 신용카드가 있으니 돈을 빌려주지 않아도 된다"는 의미를 지닙니다. 이처럼 하나의

문장이 발화될 때 담화상에 주어진 맥락적 정보는 의미 해석에 큰 영향을 미칩니다.

또 다른 예를 한번 살펴볼까요? 다음 문장의 의미를 생각해봅시다.

15-4 It's hot here.

(15-4)의 문장은 "여기는 더워"라는 단순한 뜻을 나타내지만, 역시 맥락에 따라서 다양한 의미를 지닐 수 있습니다. 예를 들어 화자가 사우나에 들어가면서 이 문장을 발화했다면 단순히 실내 온도를 진술하는 의도를 나타낼 수 있지만, 에어컨이 있는 방에서 발화했다면 이는 청자에게 에어컨을 켜달라는 요청의 의도를 지닐 수 있습니다. 즉 문장이 어떤 물리적 맥락(physical context)에서 발화되었는지에 따라서도 다양한 화용적 의미를 지니게 됩니다.

다음과 같은 광고 문구 또한 물리적 맥락 정보가 발화의 의미 해석에 중요한 역할을 하고 있음을 잘 보여주고 있습니다.[58]

15-5 "Sale! Baby & Toddler"

이 문구를 통해 화자가 전달하고자 했던 의미는 무엇일까요? 갓난아이와 아장아장 걷는 어린아이를 판다고요? 큰일 날 일이지요. 그러나 이 문구가 특수한 물리적 맥락, 예를 들어 어린아이의 옷을 파는 가게에서 사용된다면 의미 해석에 전혀 문제가 없습니다. 이러한 물리적 맥락에서 화자는 광고를 사용하는 가게 주인이 될 것이고, 청자는 잠재적으로 가게를 이용할 수 있는 손님이 될 것입니다.

이처럼 물리적 맥락 정보에는 누가 화자이고 누가 청자인지, 그리고 어떤 장소에서 어떤 시간에 발화되었는지와 같은 정보가 포함되어 있습니다. 이러한 물리적 맥락을 이해하지 못하면 그 정확한 의미를 파악하지 못하는 단어들이 모든 언어에 존재합니다. 영어의 예를 살펴보면, 대표적인 단어들에는 다음과 같이 대명사, 장소부사, 시간부사 등이 있습니다. 이런 단어들을 지시표현(deictic expressions)이라고 합니다.

15-6 a. 대명사: I, you, he, she, we, they, me, him, them, us, …

b. 장소부사: here, there, …

c. 시간부사: now, then, …

물리적 맥락 정보를 알지 않고서는 이러한 지시표현들의 의미를 정확하게 파악할 수가 없습니다. 지시표현이 포함된 다음 문장들의 의미를 한번 생각해볼까요?

15-7 a. I am the President of the US.

b. Be here at 9:00 tonight.

c. John is dancing now.

대명사 *I*가 포함된 (15-7a) 문장을 정확히 해석하기 위해서는 누가 화자인지를 알아야 합니다. 장소부사 *here*이 포함된 (15-7b) 문장의 해석에는 이 문장이 발화된 장소에 대한 정보가 필요합니다. 마찬가지로 시간부사 *now*가 포함된 (15-7c) 문장은 발화 시각에 대한 정보 없이는 정확한 해석이 불가능합니다. 이처럼 물리적 맥락 정보는 문장의 의미, 특히 지시표현이 포함된 문장의 의미 해석에 핵심적인 기여를 하게 됩니다.

맥락과 더불어 화용론에서 중요하게 다루는 개념 중 하나가 바로 사전전제(presupposition)입니다. 화자가 전제하고 있는 것이 청자에게도 이미 알려져 있거나 또는 진실로 받아들여지는 것을 사전전제라고 합니다. 다음 문장의 의미를 생각해봅시다.

15-8 Tom's sister broke the vase.
(사전전제: Tom has a sister.)

(15-8)의 문장이 전달하는 주요 의미는 "톰의 누이가 꽃병을 깨뜨렸다"이지만, 이 의미 이면에는 "톰에게는 누이가 있다"는 의미가 전제되어 있습니다. 화자가 이렇게 발화할 수 있는 이유는, 화자가 생각하기에 청자도 이미 "톰에게 누이가 있다"는 사실을 잘 알고 있다고 전제하기 때문입니다. 이처럼 문장이 전달하는 주요 의미 외에도, 화자가 청자도 이미 알고 있다고 전제하는 의미를 사전전제라고 합니다.

사전전제는 부정형으로 표현해도 그 진실성이 유지됩니다. (15-8)의 문장을 다음과 같이 부정해보면 여전히 동일한 사전전제가 유효하다는 것을 알 수 있습니다.

15-9 Tom's sister did not break the vase.
(사전전제: Tom has a sister.)

사전전제와 관련하여 이전 연구에서 많이 언급된 흥미로운 문장이 있습니다. 바로 다음과 같이 *the king of France*라는 명사구를 포함한 문장입니다.

15-10 The king of France is sitting over there by the window.

지금 이 순간 John이 이 문장을 발화하고 있다고 생각해봅시다. John이 전달하고자 했던 의미는 무엇일까요? 이 문장은 통사 구조상으로 아무 문제가 없습니다. 의미론의 방식으로 단어들의 의미를 결합하여 문장 전체의 의미를 도출해내는 데에도 전혀 문제가 없습니다. 그럼에도 불구하고 이 발화를 들으면 뭔가 이상하다고 느껴지게 마련인데, 왜 그럴까요? 그것은 바로 이 문장이 사전전제하고 있는 내용이 우리가 알고 있는 사실과 다르기 때문입니다.

15-11 The king of France is sitting over there by the window.
(사전전제: There is a king in France.)

(15-11)에 제시하였듯이, *the king of France*가 포함된 문장을 통해 화자는 "프랑스에 왕이 있다"는 사전전제를 함께 전달하고 있습니다. 그러나 현재 프랑스의 정치 상황을 고려해보면 프랑스에는 왕이 없습니다. 대통령이 국가수반입니다. 그런데 *the king of France*가 현재 창문 옆에 앉아 있다니요.

(15-11)의 문장이 화용론적 해석을 제대로 가지려면 *the king of France*가 "국가수반으로서의 왕"이 아닌 다른 존재를 분명하게 지칭할 수 있어야 합니다. 예를 들어 화자인 John이 지금 같은 반 학생들과 함께 프랑스 혁명을 주제로 한 연극을 연습하고 있다고 가정해봅시다. 이

런 맥락에서 John은 (15-11)의 발화를 통해 연극에서 프랑스 왕의 역할을 맡은 친구, 예를 들어 Mike를 지칭하며 이 문장을 발화할 수 있습니다. 다시 말해 *the king of France*라는 표현은 Mike라는 지시대상(referent)을 지시(reference)하기 위해 사용된 것이고, 이를 화자와 청자 모두 이미 잘 알고 있기 때문에, 이 맥락에서는 (15-11)의 문장을 아무 문제 없이 발화할 수 있는 것입니다.

언어표현의 지시대상을 찾는 것은 때로 추론(inference)이 필요할 수도 있습니다. 다음 대화를 한번 살펴볼까요?

15-12 John: What are you reading now?
Mary: Well, I'm reading Shakespeare.
John: Awesome.

셰익스피어가 살아온 것일까요? 이 대화에서 Mary는 지금 셰익스피어를 읽고 있네요. 이 대화가 의미를 가질 수 있는 이유가 무엇일까요? Mary가 *Shakespeare*라고 말할 때, 지시 대상이 "작가 셰익스피어"가 아니라 "셰익스피어의 작품 중 하나"라는 것을 John이 추론을 통해 제대로 이해했기 때문에 이 대화는 문제 없이 잘 마무리된 것입니다. 즉 *Shakespeare*라는 표현의 지시 대상을 "셰익스피어의 작품 중 하나"라고 잘 추론하였기 때문에, 이 대화는 의미 있게 진행되었던 것입니다.

이처럼 문장이 지니는 화용적인 의미는 의미론에서 문장의 의미를 도출해내는 과정과 매우 다릅니다. 의미론에서는 단어의 의미가 결합하여 문장의 의미를 도출해내는 과정에 초점을 맞추었다면, 화용론에서는 맥락적 정보, 사전전제된 내용, 추론을 통한 지시 대상의 파악 등이 모두 종합적으로 고려되어야 그 정확한 의미를 해석해낼 수 있습니다.

철학자 폴 그라이스(Paul Grice, 1913~1988)는 우리가 발화의 의미를 추론하는 것을 대화의 법칙을 통해 설명하고자 하였습니다. 그라이스에 따르면, 인간의 언어행위는 다른 행위들과 마찬가지로 협력의 원칙(Cooperative Principle)을 전제하고 이루어집니다. 화자는 발화를 통해 본인이 표현하고자 하는 의미가 청자에게 정확하게 전달되기를 원하고, 청자 역시 상대방의 발화를 제대로 이해하고 대화를 이어가기를 원합니다. 의사소통의 과정에서 전제되는 이러한 협력의 원칙은, 그라이스에 따르면 대화의 질(quality), 양(quantity), 관련성(relevance), 태도(manner)에 대한 네 가지 격률(maxim)로 구성되어 있습니다.

우선, 질적 격률(quality maxim)은 거짓된 정보 혹은 적절한 증거가 없는 말은 하지 말라는 것입니다. 양적 격률(quantity maxim)은 대화에서 상대방에게 필요한 만큼의 정보량만 제공하라는 것으로, 정보량이 너무 과하거나 너무 적어서는 안 된다는 내용입니다. 관련성 격률(relevance maxim)은 대화 주제와 관련이 있는 것을 말하라는 것이고, 태도 격률(manner maxim)은 간결하고 명료하게 말하라는 것입니다. 이 네 가지 격률을 종합하면, 우리는 상대방과 대화를 할 때 정직하게 말하되, 제공하는 정보의 양을 적절하게 조절하고, 간결하고 명료한 방식으로 화제와 관련 있는 내용만을 말해야 합니다. 그러나 모든 대화가 이렇게 이상적인 방식으로 진행이 될까요? 다음 대화들은 앞서 언급한 각각의 격률이 위배(flouting)된 경우들을 보여줍니다.[59]

15-13 A: Chicago's in Kansas, isn't it?
B: Yes, and I suppose LA's in Idaho as well.

(15-13)에서 B는 LA가 아이다호주에 있지 않다고 알지만 본인이 거짓이라고 알고 있는 정보를 말함으로써 의도적으로 질적 격률을 위배하고 있습니다. 왜 그랬을까요? 상대방의 말이 틀렸다는 것을 노골적으로 지적하기 위해 B가 의도적으로 질적 격률을 위배하고 있음을 추론해낼 수 있습니다. 이렇게 격률을 바탕으로 추론해내는 의미를 대화함축(conversational implicature)이라고 합니다.

또 다른 예를 한번 살펴볼까요?

15-14 A: John and Mary have 2 children.
B: Are they planning on having a third?
A: They already have a third child.

(15-14)의 대화에서 B는 A가 양적 격률을 잘 지키고 있으리라고 생각하고, John과 Mary가 셋째를 가질 생각

은 없냐고 물어본 것입니다. A가 John과 Mary에게는 두 명의 자녀가 있다고 했으니, B는 그들에게는 자녀가 정확히 "두 명만" 있다고 이해한 것입니다. 만약 그들에게 자녀가 세 명이었다면, A가 양적 격률에 따라 적절한 정보량을 제공하기 위해 John과 Mary의 자녀가 세 명이라고 말했을 것이라고 B는 예상했기 때문입니다. 그러나 그다음 발화에서 드러나듯이, B의 예상과 달리 A는 양적 격률을 위배하였던 것입니다.[60]

다음 대화는 관련성 격률을 위배한 예문입니다. 두 대화 참여자들이 말하고 있는 내용이 서로 관련이 없어 보이기 때문입니다.

15-15 A: Can you pick the kids up at school this afternoon?
B: I have piano lessons at 3 p.m.

우리는 (15-15)와 같은 대화에서 화자가 왜 격률을 위배하였는지, 이를 통해 전달하고자 했던 의미는 무엇인지도 함께 추론하게 됩니다. 이렇게 격률을 바탕으로 추론한 의미, 즉 B가 본인의 피아노 수업 때문에 A의 요청을 들어줄 수 없다는 의미는 위 대화가 함축하고 있는 의미, 대화함축에 해당됩니다.

마지막으로 다음 문장은 태도 격률이 위배된 경우를 보여줍니다.[61]

15-16 Miss Singer produced a series of sounds corresponding closely to the score of Silent Night.

간결하고 명료하게 말하라는 태도 격률을 위배한 (15-16)의 문장을 통해 우리는 화자가 전달하고자 했던 의미를 추론할 수 있습니다. 아마도 *Miss Singer sang Silent Night*이라는 간결한 문장 대신, 태도 격률을 의도적으로 위배한 위의 문장을 통해 화자가 표현하고자 했던 의미는 Miss Singer의 공연이 만족스럽지 못했다는 의미일 것입니다.

이처럼 화용론적인 의미는 문장의 의미를 넘어서서 주

어진 맥락에서 대화참여자에 의해 추론되는 의미까지도 포함하고 있습니다. 철학자 그라이스의 공헌은 이러한 확장된 의미를 협력의 원칙 아래 네 가지 대화 격률을 통해 설명하고자 했던 것입니다.

화용론적인 의미를 또 다른 관점에서 접근한 학자는 바로 영국의 언어철학자 존 오스틴(John Austin, 1911~1960)입니다. 그는 언어가 직접적 동작을 수반하는 행위는 아니지만, 화자가 발화하는 문장이 때로는 대화참여자에게 특정한 행위를 요구할 수도 있음에 주목했습니다. 이를 화행(speech act)이라고 합니다. 예를 들어 *Open the door, please*라고 말을 하면, 그 말을 들은 상대방은 문을 열어주게 됩니다. 다른 행동은 하지 않고 말만 했는데 문이 열리는 결과를 가져옵니다.

화자의 발화가 청자에게 특별한 행위를 요구하는 것인지 아닌지를 파악하는 것은 화용론적 의미 해석에서 매우 중요합니다. 다음 문장을 통해 화자가 의도했던 바를 생각해봅시다.[62]

15-17 You left the door open.

화자는 (15-17)의 문장을 발화함으로써 단순히 청자가 문을 열어둔 행위를 했다는 사실을 진술(statement)할 수 있습니다. 예를 들어 문을 열어놓은 사람이 누구인지가 화제일 때, 위 문장을 발화함으로써 화자는 본인이 알고 있는 사실관계에 대해 단언할 수 있는 것입니다. 그러나 맥락에 따라서 화자는 위 문장을 발화함으로써 요청의 행위를 할 수도 있습니다. 추운 겨울에 이 발화가 이루어졌고, 상대방이 문을 열어놓은 채 사무실로 들어왔을 때는 추우니까 문을 닫으라는 요구로 이 표현을 쓸 수 있습니다. 이 표현을 들은 청자는 문을 닫게 되겠지요.

화행은 직접화행(direct speech act)과 간접화행(indirect speech act)으로 구분하기도 합니다. 이 구분은 발화한 문장의 통사 구조와도 관련되어 있습니다. 다음 표에서 문장 형식을 나타내는 평서문·의문문·명령문은 주어진 문장의 통사 구조에 따라 결정됩니다. 예를 들어 어순을 고려하면 평서문은 주어-술어 어순을 가지지만, 의문문은 주어 앞에 의문사나 조동사가 나옵니다. 또한 명령문은 명시적 주어 없이 동사 원형으로 시작한다는 점에서 앞의 평서문·의문문과 구별됩니다. 이런 문장의 형식은 대개 특정한 화행을 수행하기 위해 이용되는데, 다음 예문을 살펴봅시다.

15-18

	문장 형식 (sentence form)	화행 (speech act)
a. Seoul is the capital of Korea.	평서문 (declarative sentence)	진술(statement) 단언(assertion)
b. Which color do you like?	의문문 (interrogative sentence)	질문(question)
c. Go to the end of the line!	명령문 (imperative sentence)	명령(order) 요청(request)

전형적으로 평서문의 경우는 (15-18a)처럼 진술이나 단언의 화행을 수행하게 되며, (15-18b)와 같은 의문문은 질문의 화행을, (15-18c)와 같은 명령문은 명령이나 요청의 화행을 수행하게 됩니다. 이렇게 평서문, 의문문, 명령문이 각각 진술/단언, 질문, 명령/요청의 화행으로 이용되는 경우 이를 직접화행이라고 합니다.

그러나 이미 짐작하셨겠지만, 우리는 반드시 특정 문장 형식을 특정한 화행을 위해서만 사용하지는 않습니다. 앞서 살펴본 *You left the door open*을 다시 생각해보면, 이는 주어-술어의 어순을 가진 평서문입니다. 이 평서문이 진술을 위해 사용되어 직접화행을 나타낼 수도 있지만, 앞서 예를 든 것처럼 요청의 화행을 위해 사용되기도 합니다. 후자와 같은 경우를 간접화행이라고 합니다.

이런 직접화행과 간접화행의 구별은 때로 대화 상대방의 체면(face)과 관련되기도 합니다.[63] 예를 들어 화자가 청자에게 특정 행동을 요구하는 요청의 화행을 수행하고 있다고 가정해봅시다. 이때 화자는 (15-19a)처럼 명령문을 이용하여 직접화행을 수행할 수도 있고, (15-19b)처럼 의문문을 이용하여 간접화행을 수행할 수도 있습니다.

15-19 a. Close the door. 직접화행, 체면위협 행위
b. Would you please close the door?
간접화행, 체면보호 행위

(15-19a)와 같은 명령문을 듣는 청자 입장에서는 기분

이 그다지 좋을 리가 없습니다. 자신의 체면(face)이 손상되었다고 느낄 수 있기 때문입니다. 이처럼 대화 상대방의 체면을 손상시키는 행위를 체면위협 행위(face-threatening act)라고 말합니다. 이와 달리 (15-19b)처럼 의문문의 형식을 사용하여 요청의 화행을 수행하게 되면 청자의 체면이 손상되지는 않습니다. 이런 경우를 체면보호 행위(face-saving act)라고 합니다. 이처럼 우리는 직·간접적으로 화행을 수행함으로써 대화참여자의 체면을 보호해주기도 하고 위협하기도 합니다.

이제 화용론의 주요한 개념들에 대해서 잘 이해했으리라 생각됩니다. 화용론에서는 문장의 의미를 단순히 문장을 구성하는 단어들의 의미가 합해진 결과라고 생각하지 않습니다. 특정한 문장이 특정한 화자를 통해 특정한 상황에서 발화되었을 때는 단어 의미의 합을 넘어서는 맥락적 의미를 지닐 수 있음을 앞서 살펴보았습니다. 사전전제, 대화함축, 화행, 체면 등의 개념도 함께 논의하면서, 우리가 문장을 통해 의미를 전달하는 과정에서 얼마나 많은 화용론적인 고려를 하는지도 알게 되었습니다.[64] 심화 학습에서는 문장을 넘어서는 언어표현의 단위인 담화

(discourse)의 구성을 결합성이나 논리적 일관성의 개념으로 분석하는 담화분석에 대해 간략히 논의하고자 합니다.

| 심화 학습 |

앞에서 살펴보았듯이 촘스키로 대표되는 생성문법학자들의 연구는 언어의 형식적인 측면에 초점을 두고 있습니다. 하지만 "언어란 과연 무엇일까?"라는 근본적인 질문으로 다시 돌아가보면, 많은 사람들은 "의사소통을 원활히 하기 위해 필요한 것이다"라는 대답을 내놓으리라 짐작합니다. 특히 언어의 기능적인 측면에 초점을 두고 연구하는 학자들이 이러한 대답을 하겠지요. 가장 대표적인 학자가 바로 영국의 언어학자 마이클 알렉산더 커크우드 할리데이(M.A.K. Halliday, 1925~2018)입니다.

할리데이는 미국식 학풍과는 달리 언어 사용의 목적에 천착해서 언어 연구를 하였습니다. 즉 기능주의 언어학을 연구하였다고 평가할 수 있습니다. 할리데이는 대화 전체를 하나의 텍스트로 불렀고, 한 텍스트를 하나의 분석 단위로 이용하였습니다. 그에 따르면 대화에서 가장 중요한 것은 대화순서 교체(turn-taking)입니다. 할리데이는 대화순서 교체에 주목하며 두 명 이상이 동시에 발화하는 경우를 더블슬래시(//)로 표시하기도 하였습니다. 또한 화자가 상대방을 대화 속에 붙잡아두기 위해 언어적 기제를 사용하는데, 영어에서 "yes?" 같은 것도 그러한 기제에 해당됩니다. 상대방이 자신의 말을 듣고 있는지를 확인하는 것이지요. 한국어 화자들도 "근데~" 같은 언어적 기제를 사용합니다. 이 기제는 단순히 앞 문장과 뒷 문장의 역접관계를 나타내는 것은 아닙니다.

할리데이 이후에 담화(discourse)에 대한 연구가 많이 이루어졌습니다. 담화는 한 문장의 범위를 넘어 이루어지는 대화나 글을 일컫는 말입니다. 담화가 어떻게 구성되고 또 그것이 체계적으로 이루어지고 있는지, 혹은 참여자가 성공적으로 참여하는지 등을 연구하는 분야가 바로 담화분석(discourse analysis)입니다. 담화는 대화뿐 아니라 글도 지칭합니다.

담화분석에서는 대화나 글이 통사적으로 적형의 구조로 되어 있지 않아도 그 연구 대상으로 삼고 있습니다. 문법적으로 잘 표현된 담화를 더 잘 이해할 수 있으리라 생각할 수 있지요. 그러나 반드시 그렇지만은 않습니다. 우리는 일상생활에서 상대방이 지극히 문법적인 표현을 사용하지만 그 의미하는 바가 무엇인지 잘 알기 어려운 때가 있습니다. 오히려 *No shoes, no service*와 같이 주어·동사가 생략되고 조건과 결과를 표상하는 *if*나 *will* 같은 문법적 기제가 없어도 이 문장이 의미하는바, "신발을 신지 않고 들어오면 제대로 서비스를 받지 못할 것"이라는 의미를 추론해내는 데 아무 문제가 없습니다.[65] 이처럼 담화분석의 대상은 통사 구조에 제약을 받지 않기 때문에, 영어 원어민이 아닌 사람이 쓴 비문법적인 영어 작문도 그 대상이 될 수 있습니다.

오히려 담화에서는 문장들이 접속사(connectors)에 의해 적절하게 연결되었는지, 그 연결이 논리적이고 우리의 언어외적 지식에 부합되는지가 더 중요하게 간주됩니다. 즉 언어표현의 결합성(cohesion)과 논리적 일관성(coherence)이 담화분석에서는 매우 중요합니다.

우리는 문장과 문장을 연결할 때 지시(reference)를 동일하게 하기 위해서 대명사를 사용하기도 하고, 의미자질이 유사한 동의어를 사용하거나 의미상으로 연관성을 갖는 단어들을 쓰기도 합니다. 이처럼 언어표현들 간의 결합성을 높이기 위해 사용되는 것들을 결합적 묶음(cohesive tie)이라고 부릅니다.

표현상에서의 결합성뿐 아니라 담화에 참여하는 당사자들이 갖는 언어 외적 지식이나 정보가 담화 내용과 부합될 때 그 담화는 적절하게 해석됩니다. 이때 동원되는 것이 일관성입니다. 이것은 언어표현의 문제가 아니라 담화에 참여하는 사람에 관계되는 것입니다. 다음 대화를 한번 생각

해봅시다.[66]

15-20 A: That's the telephone.
B: I'm in the bath.
A: OK.

A는 평서문을 이용하여 단순히 사실을 기술하는 것이 아니라, 상대방인 B에게 전화를 좀 받아달라고 요청하는 간접화행을 수행하고 있습니다. 이것을 상대방 B는 잘 이해하고 있습니다. 그리고 B는 자신이 샤워를 하고 있는 중이라서 전화를 못 받는다고 이유를 잘 설명하고 있습니다. 그러자 A는 그 이유가 합리적이라고 판단하고 상대방과의 대화를 아무런 갈등 없이 마무리합니다. 대화참여자가 논리적으로 상황과 부합하는 지식을 동원하고 있기 때문에 자연스러운 담화가 되는 것입니다.

또한 위 대화에서 두 사람이 대화순번(turns)을 잘 지키고 있습니다. 대화에서 순번을 잘 지키고 기다리는 것은 제대로 된 담화를 위해 매우 중요합니다. 경우에 따라서는 대화를 하면서 상대방이 대화에 끼어들어 어떤 말을 할 때는, 기다리고 있다가 적절한 시점에 자신의 대화를 이어가는 것이 자연스러운 담화입니다. 다음 예를 봅시다.[67]

15-21 A: Didn't you [know wh-
B: [But he must've been there by two
A: Yes but you knew where he was going.

(15-21)의 대화에서 A는 제3자인 *he*가 어디에 가는지 B에게 묻고자 하다가, B가 말을 가로채고 그 제3자가 2시까지는 그곳에 있을 것이라고 말하자, 그 말이 끝날 때까지 기다렸다가 자신의 대화순번에 맞추어 대화를 마무리하고 있습니다. 따라서 이 담화도 적절한 대화순번 교체가 이루어진 것이라고 평가할 수 있습니다. 여기에서 두 대화참여자가 동시에 말하는 것을 "["로 표현하고 있습니다.

대화 시 순번의 교환에 있어서 상대방에게 발언할 수 있는 기회를 줄 때는 자신의 문장을 마치고 나서 침묵으로 표현할 수 있습니다. 이것을 휴지(pause)라고 말합니다. 상대에게 발언의 기회를 주지 않고 자신의 순번을 계속 이어갈 때는 *er*, *em*, *uh*, *ah* 등 의미 없는 허사를 문장 중간중간에 넣기도 합니다.

이 외에도 담화분석에서 사용하는 다른 이론적 기제들이

있지만, 이 정도로 끝내도록 하겠습니다. 담화분석과 관련한 보다 자세한 내용은 Paltridge(2012)를 참고하시기 바랍니다.

III

응용언어학

16

영어 변이와 사회언어학

*Nature hates all sudden changes*라는 영어 표현이 있습니다. "자연은 아주 갑자기 변하는 것을 싫어한다"는 뜻입니다. 우리는 앞에서 영어의 역사를 살펴보았습니다. 그 변화들은 어땠을까요? 모든 변화들이 한꺼번에 일어났을까요? 언어도 자연의 일부분입니다. 언어가 변하는 과정 중에 기존의 것과 새로운 것은 서로 공존하면서 경쟁을 하게 됩니다. 이것을 변이(variation)라고 합니다.

영어 가정법에서 *be* 동사의 형태를 예로 들어보겠습니다. 역사적으로 본다면 가정법 *if* 절에 오는 *be* 동사는 *were*였습니다. 그러다가 과거에 일어난 것을 표현하는 *was*가 경쟁관계 속에 들어오게 되고, 이후 많은 영어 화자들이 *was*를 가정법에서도 쓰게 되었습니다. 그래서 가정법의 *be* 동사로 *were*와 *was*를 같이 쓰게 되는 것이지요. 이것을 변이라고 합니다. 시간이 조금 더 지나서 가정법의 *be* 동사로 *was*만 사용된다면 이 또한 언어의 변화가 생기는 것이지요. 이렇게 언어는 변해가는 것이고, 그 과정에 다양한 변이가 나타납니다.

영어는 오늘날 지구상 여러 지역에 흩어져서 존재합니다. 앞으로 어떻게 변해갈지 예단하기는 어렵습니다. 그렇기 때문에 지금 현재 여러 종류의 영어도 변이를 보인다고 할 수 있습니다. 영어는 지속적으로 변해왔으며, 현재도 변하고 있고, 그 변화가 완성되어 더 이상 변화하지 않는 시점을 생각하기란 쉽지 않습니다.

이처럼 영어를 포함한 모든 언어가 계속해서 변화를 겪어왔지만, 앞선 세대와 뒷 세대 간에는 문화전승이 가능했습니다. 왜 그럴까요? 두 세대가 사용하는 언어에는 공존하는 형태들이 있기 때문입니다. 즉 변이 형태들이 세대 간 문화전승의 역할을 합니다.

언어 변이는 세대 간에만 생기는 것은 아닙니다. 동일

한 사회에서 세대 간 차이가 아니더라도 여러 가지 맥락이 존재할 수 있습니다. 예컨대, 사회를 구성하는 구성원들이 매우 다양할 수 있습니다. 구성원의 다양성에는 인종의 차이, 젠더의 차이, 직업의 차이, 사회적 지위/계급의 차이, 그리고 문화의 차이 등도 포함될 수 있습니다. 이러한 다양한 의미의 구성원 간 차이는 동일한 언어 내에서 변이가 발생하는 원인이 됩니다. 또한 지역적 차이에 의해서 변이가 발생할 수가 있습니다. 발음뿐 아니라 단어의 차이, 문장 구조의 차이, 그리고 의미의 차이 등 매우 다양한 변이가 가능합니다.

영어의 변이 중에 재미있는 몇 가지 예를 살펴보도록 하겠습니다. 미국 원주민들이 사용하는 영어 중에 이슬레탄 영어(Isletan English)가 있습니다(Denham & Lobeck, 2012 421).[68] 이 영어의 특징은 다음 예문들처럼 *be* 동사를 쓰지 않는 것입니다.

16-1 She [ ] a Red Corn person.
They [ ] just goin' by the old ways, yet.

일반적인 미국 영어에서는 *She <u>is</u> a Red Corn person*과 *They <u>are</u> just goin' by the old ways, yet*처럼 주어 다음에 반드시 *be* 동사를 사용할 것입니다.

미국 원주민 영어(Native American English)에서는 문장 구성요소 중에 *be* 동사뿐만이 아니라 전치사의 생략도 일어납니다. 예를 들어 라코타 영어(Lakota English)에서는 다음과 같은 표현을 사용합니다.[69]

16-2 I color [ ] this.
You wanna go [ ] bathroom?

일반 미국 영어에서는 *I color <u>with</u> this*와 *You wanna go <u>to</u> the bathroom?*과 같이 반드시 전치사를 사용합니다.

미국 원주민 영어에서 조동사 *have* 대신 *be* 동사를 사용하는 방언도 있습니다. 예를 들어 일반 미국 영어에서 *I <u>have</u> been to the store*라고 쓸 것을 럼비 영어(Lumbee English)에서는 다음과 같이 *have* 대신 *be* 동사를 사용합니다.

16-3 I'm been to the store.

그리고 럼비 영어에서는 *be* 동사의 과거형으로 *was*를 사용하지 않고 *were*만 사용합니다.[70]

16-4 I weren't there.
She weren't there.

한편 인종적으로 히스패닉의 영향을 받은 시카고 영어(Chicago English)에서는 *were* 대신에 *was*가 사용됩니다.[71]

16-5 We was there.

시카고 영어에서는 음운론적 특징도 두드러집니다. 이 영어에서는 장모음 [i]와 이완모음 [ɪ]가 통합(merge)됩니다.[72]

16-6		시카고 영어	일반 미국 영어
	beet	[i]	[i]
	bit	[i]	[ɪ]

이렇게 사회집단 구성원의 차이에 따른 언어 변이를 연구하는 학문 분야를 사회언어학(Sociolingusitics)이라고 합니다. 미국의 윌리엄 라보브(William Labov, 1927~)가 음운론적 측면에서 언어 변이를 연구한 대표적 사회언어학자입니다. 월트 월프람(Walt Wolfram, 1941~)과 나탈리 쉴링-에스테스(Natalie Schilling-Estes)도 대표적인 사회언어학자들입니다. 그리고 앞에서도 잠깐 언급하였듯이, 영국의 기능주의 언어학자인 할리데이(M.A.K. Halliday)의 후학들이 사회언어학에 많은 관심을 가지고 있습니다. 그들은 영국과 호주 등에서 주로 활동을 합니다. 미국에서 활동한 대표적 학자로는 브라즈 비하리 카츠루(Braj Bihari Kachru, 1932~2016)가 있습니다. 카츠루는 "World Englishes"라는 용어를 만들어 널리 유포시켰습니다.

17

영어교육의 방향

앞에서 살펴본 바와 같이 영어를 포함한 언어들은 고정된 형태가 아닙니다. 인정하든 그렇지 않든 언어는 끊임없이 변화하며, 영어 또한 그래왔습니다. 문법에 관해서 규범과 기준이 있어야 한다고 주장하는 규범주의자(prescriptivist)들은 언어의 변화를 달가워하지 않을 수 있습니다. 이들의 관점에서 문법은 고정되어 있어야 하기 때문입니다.

영국과 미국에서도 규범주의자들이 목소리를 높인 적이 있습니다. 영국의 귀족층이 쓰던 영어를 존중하고, 일반인이 쓰던 영어를 경시한 경우도 있습니다. 때로는 미국 영어를 *Americanism*이라고 비난하기도 하였습니다. *I guess*보다는 *I suppose*를 써야 한다고 주장한 규범주의자들도 있었습니다. 지금은 매우 일반화된 표현인 *I've gotten*을 쓰던 미국 사람들을 *I've got*으로 쓰지 않는다고 무시하기도 했습니다.

규범주의자들은, 예컨대 의문문 *Who do you trust most?* 대신 *Whom do you trust most?*라고 써야 한다고 주장합니다. 동사 *trust*가 목적어를 필요로 하는 타동사이고, 의문사 *whom*만이 그 목적어 역할을 할 수 있다고 보았기 때문입니다. 그럼 *Who do you trust most?*라는 문장은 비문이라고 규정하는 것이 옳을까요? 현대의 많은 영어 원어민들은 이 표현을 사용하는 데 주저함이 없습니다. 자연스러운 문장이기 때문입니다. 이렇듯 규범적 시각으로 언어를 옳고 그름의 기준으로 판별하는 것은 한계가 있습니다. 앞서 계속 말해왔듯이 언어는 항상 변하기 때문입니다. 적형의 표현이 세월이 흘러 비적형의 표현으로 인식되기도 하고, 반대로 비적형으로 인식되던 표현이 세월이 흘러 오히려 적형의 표현으로 간주되기도 합니다.

관련된 예문을 살펴볼까요? 한때 영어 표현 *I done it*이 영어 규범주의자들에게 문법적으로 맞는 것으로 여겨졌습니다. 그런데 언중들이 아무런 원칙 없이 *I did it*을 사용하기 시작하면서, *I did it*이 *I done it*을 대체하기에 이르렀습니다. 현대 영어에서는 *I done it*을 쓰면 오히려 비문법적 표현을 사용한다고 평가받을 수 있는 상황에까지 와 있습니다.

또한 200여 년 전까지만 해도 영어 규범주의자들은 수동형이 포함된 *My house needs to be cleaned*를 적형의 문장으로 인정하지 않았습니다. *My house needs cleaning*이 적형의 표현이라고 간주했기 때문이지요. 하나의 예를 더 들어볼까요? 지금은 매우 익숙한 표현인 *be different from*이 *be different than*의 오염된 표현이라고 무시되었던 적이 있었습니다. 그러나 주지하듯이 현대 영어에서 전자는 후자보다 훨씬 더 자주 쓰이는 지극히 정상적인 영어 표현입니다.

앞에서도 소개한 바 있는 덴마크 출신의 영어학자 오토 예스퍼슨(Otto Jespersen)은 언어는 인간처럼 태어나서 자라고 성장하고 병든다고 말했습니다. 그렇다면 영어를 외국어로서 배우는 우리는 어떤 태도를 가져야 할까요?

언어를 의사소통의 수단으로 바라본다면, 적어도 우리나라에서는 규범주의적 관점을 경계할 필요가 있습니다.

그렇다고 영어의 문법을 무시해도 된다는 뜻은 전혀 아닙니다. 앞에서도 살펴보았듯이, 인간의 내재적인 언어능력을 형식적으로 나타낸 것이 문법이고, 영어 원어민들의 언어능력을 표현한 것이 영어 문법이기 때문에, 영어를 배우면서 영어 문법을 배우지 않아도 된다는 것은 말이 되질 않습니다. 하지만 영어를 고정된 언어로 생각해서 특정한 발음과 특정한 통사 구조만이 옳다고 주장하는 규범주의적 관점이 외국어로서 영어를 배우는 우리들에게는 어울리지 않는다는 것입니다.

언어를 통해 상대방의 생각을 이해하고 그 생각에 대해 반응하는 것이 언어행위라는 전제를 공히 가지고 있다면, 우리는 영어를 소통의 수단으로 인식하도록 영어교육을 하는 것이 바른 방향이라고 할 수 있겠지요. 이는 언어교육에 관한 접근 방식 중의 하나인 소통적 언어교육(communicative language teaching)에 기반한 것입니다.[73]

소통적 언어교육은 1970년대 후반기와 1980년대 초반부터 언어교육에 관한 주요한 이론으로 등장하였습니다. 그 이전의 언어교육은 언어학적 구조 중심 접근(linguistic structure-centered approach)에 의거해 이루어졌습니다.[74] 언어의 구조에 충실한 교육을 받은 학생들이 교실 밖의 실제 소통 현장에서는 제대로 언어를 사용하지 못한다는 점을 근거로, 가능하면 실제 현장에서 사용되는 언어(authentic language)를 가르쳐야 한다는 것이 바로 소통적 언어교육 방식입니다.

이 교육 방식은 언어는 소통의 수단이지 학습이나 교육의 목표이어서는 안 된다는 것이 그 핵심적 주장입니다. 따라서 이 언어교육 방법은 언어 형식의 완성보다는 실제 언어 사용에 초점을 두고 있습니다. 유창한 소통에 초점을 두기 때문에 오류나 실수가 있더라도 그것은 자연스러운 과정의 일부로 용인됩니다. 이 교육 방법에 따르면, 언어를 배우는 학생이 오류나 실수를 하더라도 그것을 교사가 즉시 교정하는 것을 권장하지 않습니다. 학생 스스로가 언어학습의 주도자가 되는 것을 중요시합니다. 교사나 교과서보다는 학생의 자발적 참여와 자신감에 초점을 두는 것입니다.

우리는 이 소통적 언어교육 방식을 외국어로서의 영어를 교육할 때 더 강조할 필요가 있지 않을까 생각합니다. 영어에 다음과 같은 표현이 있습니다.

17-1 a. He who makes no mistakes makes nothing.
b. By speaking, you learn to speak.

이런 표현들은 영어에만 있지 않을 것입니다. 어떤 언어에도 이와 유사한 표현이 있습니다. 인간은 실수를 통해서 배웁니다. 특히 언어의 경우 갓난아이 때부터 얼마나 많은 시행착오를 겪으면서 배우게 되는지 우리는 경험을 통해 알고 있습니다. 외국어를 습득하는 과정은 어떠할까요? 매우 지난한 일입니다. 당연히 시행착오를 거치고 실수를 반복하며, 실제로 사용하면서 배울 수밖에 없습니다. 우리가 영어를 배울 때도 마찬가지입니다. 이러한 점을 고려해서 우리는 영어교육에 임해야 할 것입니다. 모두들 서로 격려하고 이끌어주면서 영어를 교육하고 또 습득해야 한다고 생각합니다.

영어교육 현장에서 우리는 좀 더 개방적 태도를 가질 필요가 있습니다. 앞에서 살펴보았듯이 영어는 그 종류가 무척 다양합니다. 맞고 틀리는 것에 매달리지 말고 "언어에는 옳고 그른 것은 없다"는 개방적 자세로 영어를 교육하고 배웠으면 좋겠습니다. 이 정도로 이 장은 마치겠습니다. *I'm done*. 이 문장에도 *I done it*의 흔적이 흐릿하게 남아 있지요.

18

언어의 습득

어린아이들은 언어를 어떻게 배울까요? 언어 습득에 관한 연구에는 크게 두 가지 방향이 있습니다. 행동주의 심리학자 버러스 프레더릭 스키너(Burrhus Frederick Skinner, 1904~1990)와 생성문법학자 에이브럼 노엄 촘스키(Avram Noam Chomsky, 1928~)가 두 가지 연구 방향을 각각 대표합니다.

먼저 스키너에 의하면, 언어도 인간행위의 한 행태입니다. 말을 가지고 행위를 하는 것이 언어라는 것이지요. 그래서 언어라는 것도 다른 행위와 마찬가지로 서서히 시행착오를 거치면서 습득된다는 것입니다. 습득 과정에 오류가 생기면 교정하는 과정이 필요하겠지요. 어린아이가 자신과 말이 다른 사람, 예컨대 엄마에게 평가를 받고 그 보상을 받게 된다고 보는 것이지요. 자신의 말이 잘못되었다고 엄마로부터 평가를 받으면 그것을 고쳐서 바르게 하려고 합니다. 그렇게 하면 그 보상으로 엄마에게 칭찬을 받게 되지요. 이 과정이 바로 자극이 있으면 그 자극에 대해 행동을 하고 그 행동에 보상이 따르는 이른바 보상체계이며, 이러한 과정을 통해 언어행위가 이루어진다는 것이 스키너의 핵심 주장입니다.

이에 반해 촘스키는 언어는 보상체계에 의해 습득되는 것이 아니라고 주장합니다. 그에 따르면, 언어능력은 인간이 태어나면서부터 이미 가지고 있는 것이지, 단계적으로 그것도 자극-반응의 체계 안에서 습득되는 것이 아니라고 합니다. 언어는 생득적(innate)인 능력의 발현인 것입니다. 언어는 보상을 받으면서 단계적으로 습득되는 것이 아니라, 선천적 능력 속에 언어 보편적인 규칙이나 원칙이 있어서 조직적이고 체계적인 방식으로 습득된다고 보는 것이지요.

이 두 주장에 대해 어떻게 생각하는지요? 스키너의 행동주의 입장에서 본다면, 어린아이가 언어를 배울 때 모방의 대상에 따라 그 결과가 달라질 수 있기 때문에 언어 습득에 보편성이 존재하기 어렵게 되겠지요. 어떤 언어 자극에 노출되느냐에 따라 달라질 테니까요. 그런데 어린 아이의 언어 습득 과정에는 체계성과 보편성이 존재합니다. 오류가 발생할 때도 일관성과 규칙성이 있다는 것을 알 수 있습니다. 예를 들어, 영어를 배우는 초기에 어린아이는 과거형 *went*와 *came* 대신에 *goed*와 *comed*를 사용합니다. 동사의 과거형을 말할 때 형태소 *-ed*를 첨가하는 규칙을 *go*와 *come*에도 적용시킨 것입니다. 언어 습득 과정에서 매우 흔하게 발견되는 이러한 현상을 과잉일반화(overgeneralization)라고 부르기도 합니다.

이런 현상을 본다면 인간에게 태생적 언어능력이 있다는 촘스키의 주장이 설득력을 얻을 수 있습니다. 많은 단어들에 나타난 패턴에서 규칙을 만들어내고 이를 새로운 단어에 적용하는 능력이 생래적으로 존재한다고 보는 것이지요. 반면 타인의 언어를 모방하면서 언어를 습득하고 보상을 통해 오류를 교정해 간다는 행동주의자들의 이론으로는 어린아이의 발화 오류 속에 나타난 일관성과 규칙성을 설명하기가 어렵습니다. 물론 아무리 규칙성과 일반성을 만들어내는 생래적 언어능력이 있다 하더라도 보상체계에 의해 언어 규칙을 후천적으로 습득한 것이라고 주장하는 학자들도 있습니다. 그러나 적어도 촘스키가 주장한 생득적 언어능력의 실재는 언어 습득 과정에서 나타난 어린아이들의 발화를 통해 확인할 수 있습니다.

언어 습득을 다른 행동, 예컨대 자전거 타기 습득과 비교해 보았을 때, 이 두 종류의 습득은 분명 다른 성격을 지닙니다. 언어능력은 다른 인지능력과 마찬가지로 정상적인 신체적·정신적 상태를 가진 인간이라면 누구나 다 발현할 수 있는 반면에, 자전거 타기는 그렇지 않습니다. 인지능력이 좋은 사람이라고 해서 자전거를 잘 타고, 인지능력이 떨어지는 사람이라고 해서 자전거를 못 타지는 않습니다. 인지능력이 뛰어난 사람이 언어 습득이 빠르고, 운동신경이 좋은 사람이 자전거를 빨리 배우기는 하겠지만, 언어 습득은 누구나 다 가능한 데 비해 자전거 타기는 반복된 훈련을 하지 않는 사람은 습득할 수 없습니다. 운전 기술과 수영, 와인 만들기, 기타 치기 등도 반드시 훈련이 필요한 인간행위입니다. 그러나 언어 습득은 이러한 행위들과는 분명 다릅니다.

촘스키에 따르면, 언어를 습득할 수 있는 능력은 선천적으로 타고납니다. 촘스키는 이를 언어 습득 기제(Language Acquisition Device, LAD)라고 불렀습니다. 이런 선천적 능력이 주위 환경에 자극을 받지 않는다는 증거는 없습니다. 오히려 주위의 자극과 영향을 받는 것이 당연합니다. 태어나서 주위에 다른 사람 없이 홀로 자란 어린아이의 경우 언어를 사용하지 못하는 것을 알 수 있습니다. 이는 언어능력이 발현되는 데는 자극이 필요하다는 것을 방증합니다.

이러한 차원에서 행동주의적 관점과 생성문법적 관점을 통합하는 시도도 필요할 것이라 생각합니다. 청각장애를 갖고 있는 어린아이가 수화(sign language)를 습득하는 과정을 살펴볼 필요가 있습니다. 수화 습득에는 자극을 동반한 반복된 훈련이 필요하다는 것을 인정하고 또한 언어능력의 선천성도 받아들어야만, 청각장애 어린아이의 수화 습득을 제대로 이해할 수 있을 것입니다.

다음으로, 현재 도미니카 공화국을 위시한 서인도제도에서 시작된 피진어(pidgin)를 살펴보도록 합시다. 19세기

제국주의 시대에 아프리카 사람들이 노예무역을 통해 미국으로 많이 유입되었는데, 이들 중 서인도제도 출신들이 많았습니다. 그런데 남북전쟁 때는 역으로 미국에 있던 흑인들이 서인도제도로 많이 건너갔습니다. 이들은 서로 말이 잘 통하지 않았습니다. 아프리카에도 여러 부족이 있고, 서로 지형적으로 많이 떨어져 있었기 때문입니다. 그래서 사업상 필요에 의해서 언어를 만들게 되었고, 그것이 바로 피진어입니다.[75] 이처럼 인위적으로 만들어진 피진어는 가장 단순하고 초보적인 수준의 언어라고 할 수 있습니다. 그렇지만 자기들끼리 의사소통 수단을 만들어내려는 욕구와 욕망이 있어서 가능했던 것입니다.

크리올어(creole)는 피진어보다 훨씬 세련되고 문법적 체계도 갖춘 언어로, 부모가 피진어를 사용하던 것을 보고 그 자녀들이 더욱 정교한 언어로 발전시킨 것입니다. 주로 단어만으로 소통되는 기초적 언어였던 피진어가 문장 구조를 갖춘 크리올어로 진화된 것입니다. 주어나 목적어도 있으며, 심지어 관계사절(relative clause)도 사용합니다. 친구들끼리 언제 어느 순간에 사용해도 그 의미가 통하는 예측가능한(predictable) 언어를 만들어낸 것입니다.

피진어와 크리올어의 예를 통해 인간은 모방의 대상 없이도 언어를 만들어낼 수 있음을 살펴보았습니다. 이는 인간이 기본적으로 언어에 관한 선천적 능력을 가지고 있다는 것을 전제하지 않고서는 설명하기 어렵습니다. 이처럼 피진어와 크리올어의 존재는 촘스키의 내재적 언어 능력설을 옹호하는 듯 보이지만, 또 한편으로 인간의 언어활동이 자극과 보상으로 연결된 행동주의적 노력의 일환이라는 사실도 간과해서는 안 됩니다. 피진어와 크리올어는 사업상의 필요 혹은 의사소통의 필요라는 적절한 자극과 보상에 의해서 사용될 수 있었기 때문입니다.

크리올어 안내판: "발을 (천천히) 들어 올리세요! 아이들이 여기서 놀고 있습니다." (프랑스 과들루프(Guadeloupe) 생트안느(Sainte Anne) 근처 지역)

출처: https://commons.wikimedia.org/wiki/File:Guadeloupe_creole_2010-03-30.JPG

| 심화 학습 |

언어가 점진적 발전 과정을 거쳐 습득된다고 한다면, 피진어와 같은 초기적 언어 원형(proto-language)과 성인 언어의 중간 단계에 해당하는 언어도 존재하다고 할 수 있겠지요. 점진적으로 언어 습득이 될 테니까요. 피진어는 단어의 나열만으로 의사소통을 하는 언어입니다. 피진어는 문장 구조에 관한 체계가 없습니다. 그런데 초기적 언어 원형과 성인 언어 사이의 중간 단계적 속성을 보이는 언어는 아직 발견되지 않았습니다. 어린아이가 성인이 되기 전에 뇌에 손상을 입으면 초기적 언어 이상을 갖지 못합니다.

19

언어와 뇌

인간의 언어 사용에 뇌는 어떤 역할을 할까요? 뇌에 대한 연구가 발전함에 따라 뇌와 언어의 관계에 대한 이해가 깊어졌습니다. 뇌의 구조를 연구하면서 뇌가 구조화되어 있으며, 뇌의 특정 부분이 언어활동과 연계되어 있다는 것도 알 수 있게 되었습니다.

프랑스의 외과 의사였던 피에르-폴 브로카(Pierre-Paul Broca, 1824~1880)는 언어 사용자 중에서 일반적이지 않은 사람들을 관찰하였습니다. 그는 자신의 환자들 중에서 상대방의 말을 이해하는 데는 문제가 없으나, 본인이 말을 제대로 하지 못해서 어려움을 겪는 사람들을 집중적으로 연구했습니다.

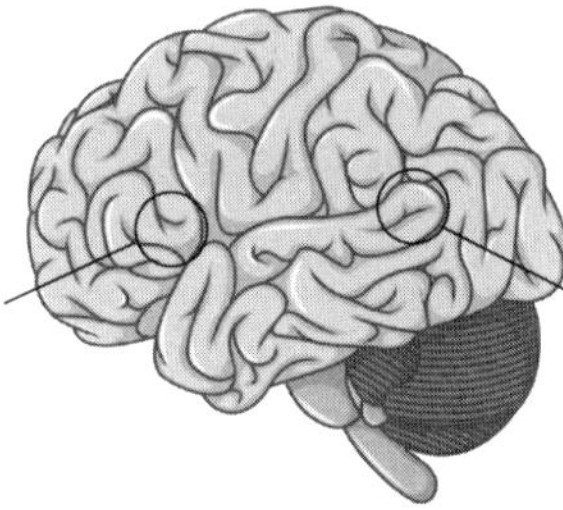

브로카 영역(Broca's area)과 베르니케 영역(Wernicke's area)

이 환자들은 문법적 요소, 특히 어미(ending)를 정확하게 사용하지 못하는 특징을 보였습니다. 연구를 통해 좌뇌의 특정한 영역에 문제가 있을 때 이러한 언어적 문제가 발생한다는 것을 발견하고, 이 영역을 브로카 영역(Broca's area)이라고 불렀습니다. 그 당시에는 살아 있는 사람의 뇌를 진단할 수 있는 기술이 없었기 때문에, 환자 사후에 두개골 해부를 통해 그 연관성을 확인할 수 있었습니다.

다음은 독일의 신경과 의사인 카를 베르니케(Carl Wernicke, 1848~1905)에 의해 규명된 사실입니다. 베르니케는 문법이나 단어의 사용에는 문제가 없지만, 상대방인 의사가 전혀 이해할 수 없는 말을 혼자서 하고 의사가 하는 말도 전혀 이해하지 못하는 환자들을 연구하였습니다. 이 경우에는 좌뇌의 뒤쪽 부분에 문제가 있음을 발견하였습니다. 후에 베르니케의 이름을 따서 이 부분을 베르니케 영역(Wernicke's area)이라고 칭했습니다. 적형의 문장을 말하지만 의미 전달이 되지 않아서 소통이 불가능한 경우에 이 영역이 문제가 있는 것입니다.

브로카와 베르니케의 연구 이후에 과학기술의 발달로 살아 있는 사람의 뇌의 활동을 찍을 수 있게 되었고, 그에 따라 뇌의 기능과 언어활동의 연관성을 더 잘 연구할 수 있게 되었습니다. 이런 연구를 통해 어떤 사람은 명사는 잘 사용하는 반면, 동사에 대한 사용은 잘 하지 못하는 경우도 가능하다는 것을 알게 되었습니다. 이를 특정언어 장애(Specific Language Impairment, SLI)라고 합니다. 명사와 동사는 그 범주가 다르다는 것을 확인해주는 셈입니다. 어떤 경우에는 말은 하는데 읽지는 못하는 사람도 있다는 것을 확인할 수 있었습니다. 이러한 경우를 난독증(dyslexia)이라고 합니다. 한편 두 언어를 다 구사하다가 그 중 한 언어만 잃어버리는 것도 확인되었습니다. 다른 예 중에 윌리엄 신드롬(William Syndrome)도 있습니다. 이 증상은 단어를 알긴 하는데 그것을 적절하게 사용(retrieve)하지 못하는 경우를 말합니다. 예컨대, 참새를 말해야 할 때 앵무새를 이야기하기도 합니다.

지금까지 살펴본 바와 같이, 뇌의 특정 부분의 손상이 언어 사용의 결핍과 연관되어 있습니다. 따라서 뇌의 활동이 언어 사용에 큰 영향을 미친다고 할 수 있습니다.

20

언어와 마음

인간의 언어 사용에 마음이 어떤 역할을 할까요? 인간 심리에 대한 연구가 발전함에 따라 언어와 심리의 관계에 대한 이해도 깊어졌습니다. 우리 마음속에서 언어가 어떻게 처리되고 이해되는지에 대해 연구하는 분야를 심리언어학(Psycholinguistics)이라고 합니다.

심리언어학은 앞서 언급한 이론언어학의 전 분야를 다룹니다. 언어의 음운론적·형태론적·통사론적·의미론적 측면을 모두 연구 대상으로 삼고 있습니다. 또한 정신적 사전(mental lexicon)과 모국어 습득 및 제2외국어 습득도 심리언어학의 연구 영역에 포함됩니다. 언어학의 범주를 넘어서서 심리언어학은 신경과학·심리학·인지과학·언론정보학·컴퓨터과학 등 다른 학문 분야와도 융합연구가 활발하게 이루어지고 있습니다(Denham & Lobeck, 2012: 282).

심리언어학은 특히 심리학자들의 연구성과에 의해 많은 발전을 이루었습니다. 대표적으로 캐나다의 심리학자 스티븐 핑커(Steven Pinker, 1954~)는 윌리엄 신드롬을 겪는 사람들을 대상으로 언어가 인간의 마음속에서 어떻게 기능하는지를 연구하였습니다. 핑커에 의하면, 인간이 언어를 배울 때 마음속에는 두 가지 언어능력이 있는데, 단어의 저장과 규칙의 생성 능력이 바로 그것입니다. 먼저, 단어 하나하나를 배움의 과정을 통해 머릿속에 저장한 후에, 그것을 적절할 때 끄집어내어 사용하는 능력이 있습니다. 또 한편으로는 일반성을 포착하여 규칙화하는 능력이 따로 존재합니다. 이 두 기능에 아무런 문제가 없어야 언어를 제대로 구사할 수 있다는 것이 바로 핑커의 주장입니다.

심리언어학자들은 인간의 언어능력, 특히 언어 발화(speech production)와 언어 이해(speech comprehension)를 가능하게 하는 무의식적 과정을 연구합니다. 심리언어학의 일부인 신경언어학(Neurolinguistics)에서는 언어 발화와 언어 이해를 가능하게 하는 뇌 속의 물리적 기제를 연구합니다. 특히 문장의 처리에 관한 신경언어학적 연구는 독립적으로 문장 처리(sentence processing)라는 세부 분야로 불리기도 합니다.

문장 처리 분야는 뇌전도 기록(electroencephalogram, EEG)이나 기능적 자기공명영상(functional magnetic resonance imaging, fMRI), 시선추적 장치(eye tracker)와 같은 실험 방법을 동원해서 문장을 이루는 구(phrase)의 존재를 증명하고 이들의 결합 방식을 찾아내는 것을 중요한 목표로 삼고 있습니다. 다음 문장을 살펴봅시다.[76]

20-1 The horse raced past the barn fell.

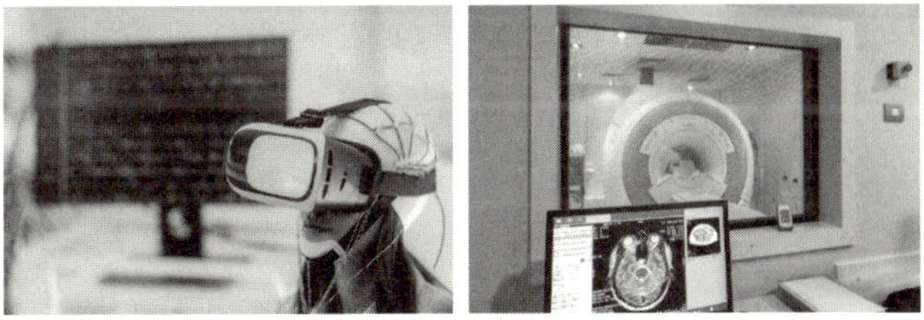

EEG와 fMRI를 이용한 문장 처리 실험

(20-1)은 처음 보면 비문법적이라고 생각되는 "정원의 미로와 같은 문장(garden path sentence)", 즉 구조상에 문제는 없지만 정원의 미로처럼 구조를 파악하기가 어려워 의미 해석이 힘든 문장입니다. 영어 모국어 화자들은 이 문장을 읽다가 맨 마지막 단어 *fell*이 나오면 멈칫하게 됩니다. 왜 그럴까요? 그 이유는 *fell*에 의해서 그 직전에 나온 단어들의 관계가 달라져버리기 때문입니다. 영어 모국어 화자들은 이 문장을 읽을 때 *raced*를 처음에는 *the horse raced past the barn*이라는 하나의 종결된 문장의 동사로 상정하고 읽다가, *fell*을 읽는 순간 앞의 문장이 그런 구조를 가진 것이 아니라는 것을 깨닫고는 관계절로 바꿔서 문장을 다시 읽게 됩니다. 시선추적 장치를 이용하여 이런 문장들을 연구해보면, 이 문장의 *fell*에서 시선 고정이 더 길어지고 시선이 뒤로 역행하는 현상이 많이 발생한다는 것을 발견할 수 있습니다. 이런 문장에 대한 연구는 심리언어학에서 통사(syntax)의 단원성(modularity)과 통사의 초기처리 역할담당 여부와 관련한 논의에서 큰 기여를 해왔습니다.

이와 같이 심리언어학자들은 언어학자들이 이론적으

로 가정하는 것이 실제로 우리의 마음속에 존재한다는 것을 증명하는 데 초점을 맞춥니다. 이렇게 함으로써 우리가 언어를 어떻게 발화하고 인식하는지 더 잘 이해할 수 있고, 나아가 언어장애를 가지고 있는 사람들을 치료하는 방법도 개발할 수 있게 해줍니다.

주

1 영어 격언의 중요성을 일깨워주신 필자의 은사님이신 박남식 선생님께 감사드립니다. 이 책에서 언급된 영어 격언의 대부분은 선생님의 *Words to Live By* 시리즈(Park, 2008; 2011; 2013)에 의존하였으며, 격언이라 인용부호를 사용하지 않았음을 미리 밝혀두는 바입니다. 이 격언들에 대한 해석은 필자가 한 것이며, 그 해석이 의도하지 않게 잘못된 경우는 전적으로 필자의 역량 부족에서 온 것입니다. 격언에 대한 해석은 대부분의 경우 축자적 번역으로 표현하지 않고 글의 문맥과 흐름에 맞추어 부드럽게, 때로는 대의만을 보이는 식으로 하였습니다.

2 더 자세한 것은 Wyld(1957: 773)를 참조하세요.

3 오스트리아 출생의 영국 철학자 루트비히 비트겐슈타인(Rudwig Wittgenstein, 1889~1951)도 이런 생각을 한 대표적인 철학자입니다.

4 통사론을 전문적으로 연구하는 학자들은 필자의 의견을 섣부른 일반화라고 할 수도 있습니다. 하지만 필자는 영어와 한국어의 어순이 무조건 반대된다고 말하고자 하는 것은 아닙니다. 예를 들어 영어의 *the news*와 한국어의 "그 소식"은 순서가 동일합니다. 다만 여기서는 영어와 한국어의 통사 구조가 각 언어 사용자의 인식 구조와 연관되어 있다는 것을 쉽게 설명하는 수준이라는 점을 말씀드리고 싶습니다. 이 점을 환기시켜준 이정미 선생님께 감사드립니다.

5 물론 이 문장을 *If you put your mind to it, you can do it*이라고 할 수도 있습니다.

6 한국어에서 이 문장을 "당신도 할 수 있어요, 열심히 하면"이라고 하면 굉장히 부자연스럽거나 비문법적입니다. 영어와 한국어의 차이는 여전히 드러납니다.

7 장 자크 루소의 『언어 기원에 관한 시론』(1781) 번역본(주경복·고봉만 옮김, 2019) 해제에도 언어의 기원에 대한 여러 가지 주장들이 잘 정리되어 있습니다.

8 에이프릴 맥마흔(April McMahon, 1964~)이 대표적인 학자입니다.

9 하와이에서 사용된 피진어와 크리올어 그리고 톡 피신에 대해 필자에게 알려준 안미연 선생님께 감사드립니다.

10 공시성(synchrony)에 대해서 좀 더 확실하게 해둡시다. 공시성은 공간적 공존을 나타내는 것이지 시간적 측면을 고려하는 것이 아닙니다. 영어로 예를 들어보면, 공시성은 현대 영어에만 해당하지 않습니다. 현대 영어에도 국가와 같은 지역의 차이가 동시적으로 나타나 다양한 영어 방언의 차이로 표현됩니다. 그렇지만 고대 영어와 중세 영어에도 장소의 차이가 존재하기 때문에 언어의 동시성이 존재합니다. 당연히 방언의 차이가 있었지요.

11 원인도유럽어의 후두음에 대해 좀 더 공부하고 싶다면 Lehmann(1955)을 참조하세요.

12 학문은 추상적인 주장이나 가설을 정당화하는 작업이라고 할 수 있습니다. 예컨대 뉴턴은 사과나무에서 떨어진 사과를 보고 중력 법칙이라는 추상적인 가설을 제시하였고, 이것을 수학적 추론 과정으로 정당화했습니다. 눈으로 보여줄 수는 없는 것입니다.

13 촘스키는 소쉬르의 공헌에 대해 높게 평가하지 않았습니다. 촘스키는 소쉬르, 구체적으로는 그의 강의 노트의 공헌에 대해서 다음과 같이 밝힌 바 있습니다. "… On the semantics side, it's doubtful that there was much of an influence. On the general conceptual side, I think it's mostly confuisng. I don't know what langue is. It's certainly not structure."(Maher & Groves, 2004: 23)

14 영어 방언에 대한 더 자세한 논의는 이재영(2016)을 참조하세요.

15 이 시는 Luria & Hoffman(1974, p. 78)의 *Middle English Lyrics*에서 인용하였습니다.

16 보통은 1100년에서 1500년까지의 영어를 중세 영어라고 하지만, 1066년 노르만 정복의 영향이 중세 영어 형성에 큰 영향을 미쳤기 때문에 여기서는 중세 영어의 시작을 11세기 말로 잡았습니다.

17 장모음 [uː]가 [aʊ]로 바뀌는 것도 동일한 음운 현상입니다.

18 Trask & Mayblin(2005: 85)에서 인용하였습니다.

19 Trask & Mayblin(2005: 84)에서 인용하였습니다.

20 고대 영어 시기부터 현대 영어 시기까지 영어가 겪어온 소리체계와 형태, 구조, 어휘 등 다양한 언어적 변천에 대해서는 Fennell(2001)을 참조하세요.

21 음향음성학과 지각음성학에 대한 기본적인 내용은 Ladefoged & Disner

(2001), Johnson(2003)을 참조하세요.

22 예들은 Dawson & Phelan(2016: 44)에서 인용하였습니다.

23 영어 철자가 발음을 정확히 반영하지 못하니 이를 철자개혁(spelling reform)을 통해 해결해야 한다고 주장하는 사람들도 있습니다. 과연 그들의 주장대로 철자법을 수정하는 것이 언어 사용자들에게 도움이 될까요? 관련한 논의는 Bauer & Trudgill(1999)의 5장을 참조하세요.

24 여기서는 조음 방법에 따른 자음의 구별에 대해서 상세히 다루지는 않겠습니다. 이 구별에 의한 자음들의 특성들이 궁금하시다면 Ladefoged & Disner(2001)를 읽기를 추천합니다.

25 혀의 높낮이(height)뿐만 아니라 혀의 긴장도(tenseness) 여부와 원순성(lip rounding)에 따라 모음을 구별하기도 합니다.

26 폐쇄음을 파열음(plosive)이라고도 합니다.

27 영국의 코크니 영어에서 흔히 들을 수 있는 발음입니다.

28 "Etymology"는 연구를 통해 밝혀진 어원 그 자체를 의미하기도 합니다.

29 고대 영어 시기부터 근대 영어 시기까지 영어에 유입된 차용어들에 대한 보다 많은 예시들은 Stockwell & Minkova(2009)를 참조하세요.

30 예들은 Denning & Leben(1995: 19)에서 인용하였습니다.

31 예들은 Denning & Leben(1995: 20)에서 인용하였습니다.

32 예들은 Denning & Leben(1995: 19)에서 인용하였습니다.

33 예들은 Yule(2020: 60)에서 인용하였습니다.

34 영어에는 복합어 형성 과정을 거쳐서 형성된 단어들이 아주 많습니다. 보다 많은 예시들은 Bauer(1983)와 Aarts(2011: 33-37)를 참조하세요.

35 다양한 어휘 범주로 사용되는 이러한 단어들을 어떻게 이론적으로 분석할지는 또 다른 문제이지만, 빈파생(zero derivation)이라는 용어가 형태소 파생에서 영형 접사(zero affix)를 사용하는 것으로 전제될 수도 있어서 이 용어를 사용하지 않는 학자들도 있습니다. 관련한 논의는 Bauer(1983: 32-33)와 Katamba(1993: 55)를 참조하세요.

36 Stockwell & Minkova(2001)에 따르면, 이렇게 전환된 단어들이 최근에는 사전에 서로 다른 표제어(lexical entry)로 등재되기도 합니다.

37 Yule(2020: 65)에서 인용하였지만, 인용의 궁극적 출처는 Dixon(2014: 11)입니다.

38 예들은 Yule(2020: 59)에서 인용하였습니다.

39 기술문법은 라틴어 중심의 전통문법이 잘 설명해주지 못하는 언어들, 예컨대 미국 인디언 언어들의 문장 구조를 분석하기 위해 사용한 문법적 틀

을 지칭합니다. 19세기 말에 등장한 문법적 접근 방식을 말하는 것으로, 개별 언어가 가지고 있는 자질들을 기술하기에 적합합니다.

40 1960, 1970년대까지는 언어학자들이 주로 기표에 관심을 가졌습니다. 그 결과 기의에 대한 연구, 즉 의미론에 대한 연구는 당시에 활발히 진행되지 못했습니다.

41 예는 Trask & Mayblin(2005: 37)에서 인용하였습니다.

42 해리스의 추상화 작업에서 사용된 "핵심적인 구성 성분"이라는 개념은 현대 통사이론에서 사용하는 핵(head)의 개념과 동일합니다. 명사구에서의 명사처럼 주어진 구 전체의 속성을 정하는 요소를 핵이라고 합니다. 예를 들어 (13-5) 문장의 *public effect*에서 *effect*를 핵심 요소로 선택한 것은 이 명사구의 핵은 명사 *effect*라는 분석과 동일합니다. 핵은 통사이론에서 매우 중요한 개념으로, 핵이 가진 보다 상세한 통사적 특징은 Tallerman(2011)의 4장을 참조하시기 바랍니다.

43 1968년에 촘스키가 모리스 할레와 함께 저술한 『영어의 음 체계 연구(*The Sound Pattern of English*)』가 있긴 하지만, 이 연구도 통사론에서 제기한 생성문법 이론이 음운론에 적용될 수 있는지를 살펴보고자 했던 것이 주 목적으로 보여집니다.

44 (13-8)의 문장을 분석하기 위해 도입한 (13-10)의 명사구 규칙은 사실 많은 예문들을 설명하기에는 한계가 있습니다. 간단한 예문을 생각해보면, 다음과 같이 한정사와 명사 사이에 형용사가 나타나는 문장은 (13-10)의 규칙으로는 설명이 불가능합니다.

(i) a smart student

이처럼 예문을 보고 규칙을 만들었는데 규칙으로 설명하지 못하는 다른 예문이 발견되면 어떻게 해야 할까요? 새로운 예문을 설명하기 위해 반드시 기존 규칙을 수정하는 작업을 해야 합니다. 예를 들어 다음과 같은 규칙을 만들 수 있겠지요.

(ii) NP → D A N

이 규칙 또한 영어의 명사구를 설명하기에는 한계가 있음을 또 다른 예문을 통해 발견할 수 있습니다. 이와 같이 통사 규칙을 만들 때는 그 규칙이 예측하는 바가 정확한지를 반드시 확인해야 합니다. 비문법적인 예문을 문법적이라고 하거나, 문법적인 예문을 비문법적이라고 예측하는 규칙이라면 이는 수정의 과정을 거쳐야 합니다. 이와 관련해서는 Larson(2010)의

Unit 5를 참조하세요.

45 영어에서 명사구는 명사를 반드시 포함해야 하지만, 관사와 같은 한정사는 꼭 그렇지 않습니다. 예를 들어 *John*과 같은 고유명사는 관사 없이도 혼자서 문장의 주어나 목적어 자리에 나타날 수 있고, *dog*과 같은 일반명사도 *John likes dogs*와 같이 관사 없이 명사구를 형성하기도 합니다. 또한 *John slept*와 같이 동사만으로 구성된 동사구도 있습니다. 이처럼 구를 이루는 요소들 중 선택적으로 올 수 있는 것들은 괄호를 사용하여 다음과 같이 형식화하면 됩니다.

(i) NP → (D) N

(ii) VP → V (NP) (PP)

본문에서 제시한 구 구조 규칙은 이러한 논의는 반영하지 않은 단순화된 형태입니다.

46 "주어"와 "술어"라는 용어는 아주 오래전부터 사용되었습니다. 아리스토텔레스도 이 용어를 썼다고 합니다.

47 이동(movement)은 변형문법의 핵심적 개념입니다. 하나 예를 더 들면, 의문문도 심층 구조에서는 평서문이었는데 이동 규칙이 적용되어 의문문이 되었다고 분석합니다. 보다 다양한 이동 규칙과 관련해서는 Carnie(2012)를 참조하세요.

48 주동사(main verb)의 과거분사형이 *be* 동사와 결합하는 것은 형태론적인 과정으로, 통사 구조를 표현하는 수형도에서는 편의상 이들이 결합된 형태를 V로 표시하겠습니다. 또한 이 문장의 *be* 동사는 수동조동사(passive auxiliary verb)로서 동사 이동(verb movement)을 거치는 것으로 분석되지만, 본문에서는 논의의 간결성을 위해 이를 생략하였습니다.

49 대표적인 비변형적 생성문법(non-transformational generative grammar)에는 핵중심 구 구조문법(Head-driven Phrase Structure Grammar)(Pollard & Sag, 1994; Sag, Wasow & Bender, 2003)과 어휘기능문법(Lexical-Functional Grammar)(Kaplan & Bresnan, 1982; Kaplan, 1995; Bresnan, 2001)이 있습니다. 이들에 대한 간단한 소개는 Carnie(2012)의 19장과 20장을 참조하면 됩니다. 이 밖의 다른 비변형적 통사이론과 관련해서는 Borsley & Börjars(2011)를 참조하시기 바랍니다.

50 예들은 Jespersen(1933: 345)에서 인용하였습니다.

51 독립적 정당화(independent justification)를 비롯하여 언어 자료를 이용한 효과적인 논증(argumentation) 방법과 관련해서는 Aarts(2017)의 11장을

참조하세요.

52 Brinton & Brinton(2010)은 의미자질을 이용해서 보다 다양한 단어들의 의미를 분석할 수 있음을 보여주고 있습니다. *coat*, *jacket*, *shirt*, *blouse*, *skirt*, *pants*, *shorts* 등 의상과 관련된 단어들이나, *lake*, *sea*, *ocean*, *river*, *brook*, *pond*, *bay*, *cove* 등 물과 관련된 단어들이 의미자질에 따라 어떻게 구분될 수 있는지 참고하세요. 이와 더불어 의미자질을 이용한 단어 의미 분석이 지니는 한계점과 관련한 논의는 Valenzuela(2019)를 참조하세요.

53 다의어와 동음이의어가 항상 해당 의미들의 개념적 관련성에 따라 명확하게 구별이 가능한 것은 아닙니다. 특히 단어의 의미가 역사적 변천을 거칠 경우 이들의 구별이 더 힘들어집니다. 예를 들어 *pupil*이라는 단어가 지니는 두 가지 의미 "학생"과 "눈동자"는 개념적인 관련성이 전혀 없어 보이지만, 사전에는 다의어로 등재되어 있습니다. 이는 역사적인 이유 때문입니다(Denham & Lobeck, 2012; Kreidler, 2013). 즉 과거에는 이 두 의미가 서로 개념적인 관련성을 가지고 있었다고 본 것이지요. 동음이의어와 다의어에 관련한 논의는 여기서 정리하지만, 영어의 역사를 거슬러 과거에 사용되었던 용례를 살펴보면 이들이 지닌 의미 관계에 대해 더 자세히 알 수 있습니다.

54 문장의 의미를 도출할 때는 단어들의 의미뿐만 아니라 단어들 간의 결합 방식, 즉 문장의 통사 구조도 함께 고려됩니다. 예를 들어 다음 두 문장은 동일한 단어들로 구성되어 있지만, 서로 다른 의미를 지닙니다.

(i) a. John likes Mary.
b. Mary likes John.

위 문장이 서로 다른 의미를 지니는 것은 주어 자리와 목적어 자리에 각기 다른 명사구가 왔기 때문입니다. 즉 문장의 의미는 이를 구성하는 단어들의 의미뿐만 아니라 문장의 통사 구조와도 긴밀히 관련이 있고, 이런 점에서 통사론과 의미론 연구를 함께 병행하는 경우도 많이 있습니다.

55 엄밀히 말하면 이는 의미론 중에서도 형식의미론(Formal Semantics)이 문장의 의미를 분석하는 방식입니다. 형식의미론은 논리에 근거한 형식언어(formal language)를 통해 문장의 의미를 분석합니다. 이때 가장 중요한 원리가 바로 합성성의 원리(Principle of Compositionality)로, 이 원리에 따르면 문장의 의미는 그 문장을 이루는 구성 요소들의 의미가 합성된 결과입니다. 형식의미론에 대해 더 알고 싶다면 Portner(2005)를 참조하시기 바랍니다. 이 외에도 의미론에는 인지의미론(Cognitive Semantics)

(Evans & Green, 2006)을 비롯한 다양한 의미 이론들이 있습니다. 의미론 전반에 대한 내용은 Lyons(2012)와 Saeed(2015)를 참조하세요.

56 Lindguist & Levin(2018)은 코퍼스 연구의 결과는 대개 용례색인과 사용 빈도를 통해 제시된다고 소개하고 있습니다.

57 예들은 Levinson(1983)에서 사용한 예문입니다. 이 예문을 환기시켜준 신정아 선생님께 감사의 말씀을 전합니다.

58 예문은 Yule(2020: 151)에서 인용하였습니다.

59 예들은 Levinson(1983: 110)이 처음 제시한 예문을 약간 변형한 것입니다.

60 이 발화에서 A는 질적 격률을 위배하고 있지 않습니다. 자녀가 세 명이면 두 명의 자녀를 가진 것도 사실이기 때문입니다. 즉 A는 적절한 정보량을 제공하지 못하였을 뿐, 거짓말을 한 것은 아닙니다.

61 이 예문 역시 Levinson(1983: 112)에서 처음 제시한 예문을 약간 변형한 것입니다.

62 이 예문은 Yule(2020: 157)에서 인용하였습니다.

63 체면의 개념을 비롯한 공손성(politeness)과 화행의 관계는 Lakoff(1973; 1989), Leech(1983), Brown & Levinson(1987)을 참조하세요.

64 각 화용론적 주제에 대한 보다 심도 깊은 논의는 Birner(2013)와 Huang (2014)을 참조하세요.

65 Yule(2020: 168)에서 예와 논지의 일부를 차용했습니다.

66 예들은 Yule(2020: 170)에서 인용하였습니다.

67 예들은 Yule(2020: 171)에서 인용하였습니다.

68 예들은 Leap(1993: 70)에서 인용하였습니다.

69 원래 Flanigan(1984: 92)을 Leap(1993: 75)에서 인용한 것을 Denham & Lobeck(2012: 421)에서 재인용한 예들입니다.

70 Denham & Lobeck(2012: 422)에서 인용하였습니다.

71 Denham & Lobeck(2012: 424)에서 인용하였습니다.

72 Denham & Lobeck(2012: 423)에서 인용하였습니다.

73 소통적 언어교육 방법에 대해 알려준 신정아 선생님과 이정미 선생님께 감사의 말씀을 전합니다.

74 소통적 언어교육 방식이 시도되기 전에 역사적으로 다양한 언어교수법들이 시도되었습니다. 전통적 문법 번역식 교수법(Grammar-Translation Method)이나 청화식 교수법(Audio-Lingual Method) 등 다양한 교수법과 관련해서는 Larsen-Freeman(2000)을 참조하세요.

75 "사업을 할 때 쓰던 언어"라는 뜻으로 business에서 앞부분만 잘라서

busin이라고 말하다가 pidgin이 되었습니다.

76 이 문장을 제안하고 자세하게 설명해준 박해일 선생님께 감사드립니다.

참고문헌

유발 하라리, 조현욱 옮김, 2015, 『사피엔스』, 파주: 김영사.

이재영, 2016, 『영어음운론』, 서울: 서울대학교출판문화원.

장 자크 루소, 주경복·고봉만 옮김, 2019, 『언어 기원에 관한 시론』, 서울: 책세상.

Aarts, B., 2011, *Oxford Modern English Grammar*, New York: Oxford University Press.

Aarts, B., 2017, *English Syntax and Argumentation* (5th ed.), UK: Palgrave Macmillan.

Bauer, L., 1983, *English Word-formation*, Cambridge: Cambridge University Press.

Bauer, L. and P. Trudgill, 1999, *Language Myths*, Penguin Books.

Birner, B. J., 2012, *Introduction to Pragmatics*, Oxford: Wiley Blackwell.

Blevins, J., 2004, *Evolutionary Phonology: The Emergence of Sound Patterns*, Cambridge: Cambridge University Press.

Borsley, R. and K. Börjars, 2011, *Non-Transformational Syntax: Formal and Explici Models of Grammar*, Oxford: Wiley Blackwell.

Bresnan, J., 2001, *Lexical-Functional Syntax*, Oxford: Blackwell.

Brinton, L. J. and D. M. Brinton, 2010, *The Linguistic Structure of Modern English*, Philadelphia, PA: John Benjamins Publishing Company.

Carnie, A., 2012, *Syntax: A Generative introduction* (3rd ed.), Oxford: Wiley Blackwell.

Chomsky, N. and M. Halle, 1968, *The Sound Pattern of English*, New York: Harper & Row.

Dawson, H. and M. Phelan, 2016, *Language Files: Materials for an Intro-*

duction to Language and Linguistics, Columbus, OH: The Ohio State University Press.

Denham, K. and A. Lobeck, 2012, *Linguistics for Everyone* (2nd International ed.), MA: Cengage Learning.

Denning, K. and W. R. Leben, 1995, *English Vocabulary Elements*, New York: Oxford University Press.

Evans, V. and M. Green, 2006, *Cognitive Linguistics: An Introduction*, Edinburgh: Edinburgh University Press.

Fennell, B. A., 2001, *A History of English: A Sociolinguistic Approach*, Oxford: Wiley Blackwell.

Flanigan, B., 1984, "Bilingual education for Native Americans: The argument from studies of variational English," In J. Handscome (ed.), *On TESOL* '83 (pp. 81-93), Washington, DC: TESOL.

Harris, Z. S., 1947, *Structural Linguistics*, Chicago: The University of Chicago Press.

Hayes, B., 1995. *Metrical Stress Theory: Principles and Case Studies*, Chicago and London: The University of Chicago Press.

Huang, Y., 2014, *Pragmatics* (2nd ed.), New York: The Oxford University Press.

Jespersen, O., 1933, *Essentials of English Grammar*, London: George Allen & Unwin Ltd.

Johnson, K., 2003, *Acoustic and Auditory Phonetics* (2nd ed.), Oxford: Wiley Blackwell.

Katamba, F., 1993, *Morphology*, UK: Palgrave Macmillan.

Kaplan, R., 1995, "The formal architecture of Lexical-Functional Grammar," in M. Dalrymple et al. (eds.), *Formal Issues in Lexical-Functional Grammar* (pp. 7-27), Stanford: CSLI Publications.

Kaplan, R. and J. Bresnan, 1982, "Lexical-Functional Grammar: A formal system for grammatical representation," in J. Bresnan (ed.), *The Mental Representation of Grammatical Relations* (pp. 173-281), Cambridge: MIT Press.

Kreidler, C. W., 2013, *Introducing English Semantics* (2nd ed.), London:

Routledge.

Ladefoged, P. and S. F. Disner, 2001, *Vowels and Consonants* (3rd ed.), Wiley-Blackwell.

Larsen-Freeman, D., 2000, *Techniques and Principles in Language Teaching*, Oxford: Oxford University Press.

Larson, R. K., 2010, *Grammar as Science*, MA: MIT Press.

Leap, W., 1993, *American Indian English*, Salt Lake City: University of Utah Press.

Leech, G., 2014, *The Pragmatics of Politeness*, New York: Oxford University Press.

Lehmann, W. P., 1955, *Proto-Indo-European Phonology*, Austin, TX: The University of Texas Press and Linguistic Society of America.

Levinson, S. C., 1983, *Pragmatics*, Cambridge: Cambridge University Press.

Lindquist, H. and M. Levin, 2018, *Corpus Linguistics and the Description of English*, Edinburgh: Edinburgh University Press.

Luria, M. S. and R. L. Hoffmann, 1974, *Middle English Lyrics: Authoritative Texts Critical and Historical Backgrounds Perspectives on Six Poems*, New York: Norton & Company.

Lyons, J., 2012, *Semantics*, Cambridge: Cambridge University Press.

Maher, J., and J. Groves, 2004, *Introducing Chomsky*, Cambridge, UK: Icon Books, Ltd.

McMahon, A. and R. McMahon, 2012, *Evolutionary Linguistics*, Cambridge University Press.

Paltridge, B., 2012, *Discourse Analysis: An Introduction*, London and New York: Bloomsbury Publishing.

Park, N.-S., 2008, *Words to Live By*, International Graduate School of English Press.

Park, N.-S., 2011, *Words to Live By*, Helping #4, International Graduate School of English Press.

Park, N.-S., 2013, *Words to Live By*, Helping #7, International Graduate School of English Press.

Pollard, C. and I. Sag, 1994, *Head-Driven Phrase Structure Grammar*, Stanford: CSLI Publications and Chicago: The University of Chicago Press.

Portner, P. H., 2005, *What is Meaning? Fundamentals of Formal Semantics*, Oxford: Wiley Blackwell.

Pyles T. and J. Algeo, 1993, *The Origins and development of the English Language* (4th ed.), Orlando, USA: Harcourt Brace & Company.

Saeed, J. I., 2015, *Semantics* (4th ed.), Oxford: Wiley Blackwell.

Sag, I., T. Wasow and E. Bender, 2003, *Syntactic Theory: A Formal Introduction* (2nd ed.). Stanford: CSLI Publications.

Sampson, G., 1980, *Schools of Linguistics*, Stanford, California: Stanford University Press.

Stockwell, R. and D. Minkova, 2009, *English Words: History and Structure*, New York: Cambridge University Press.

Tallerman, M., 2011, *Understanding Syntax* (3rd ed.), London: Routledge.

Trask, R. L. and B. Mayblin, 2005, *Introducing Linguistics*, UK: Icon Books Ltd.

Valenzuela, J., 2019, *Meaning in English: An Introduction*, Cambridge: Cambridge University Press.

Wyld, H. C, 1957, *The Universal Dictionary of the English Language*, Ninth Impression.

Yule, G., 2020, *The Study of Language* (7th ed.), Cambridge: Cambridge University Press.

찾아보기

ㅂ

ㅅ

ㅇ